MORALE PRATIQUE

ENSEIGNÉE PAR L'EXEMPLE

A LA JEUNESSE FRANÇAISE

PAR

G. DE GÉRANDO

PREMIER PRÉSIDENT HONORAIRE DE LA COUR D'APPEL DE NANCY,
MEMBRE DES ACADÉMIES
DE BESANÇON, LYON, METZ ET STANISLAS A NANCY

TOURS

ALFRED MAME ET FILS

ÉDITEURS

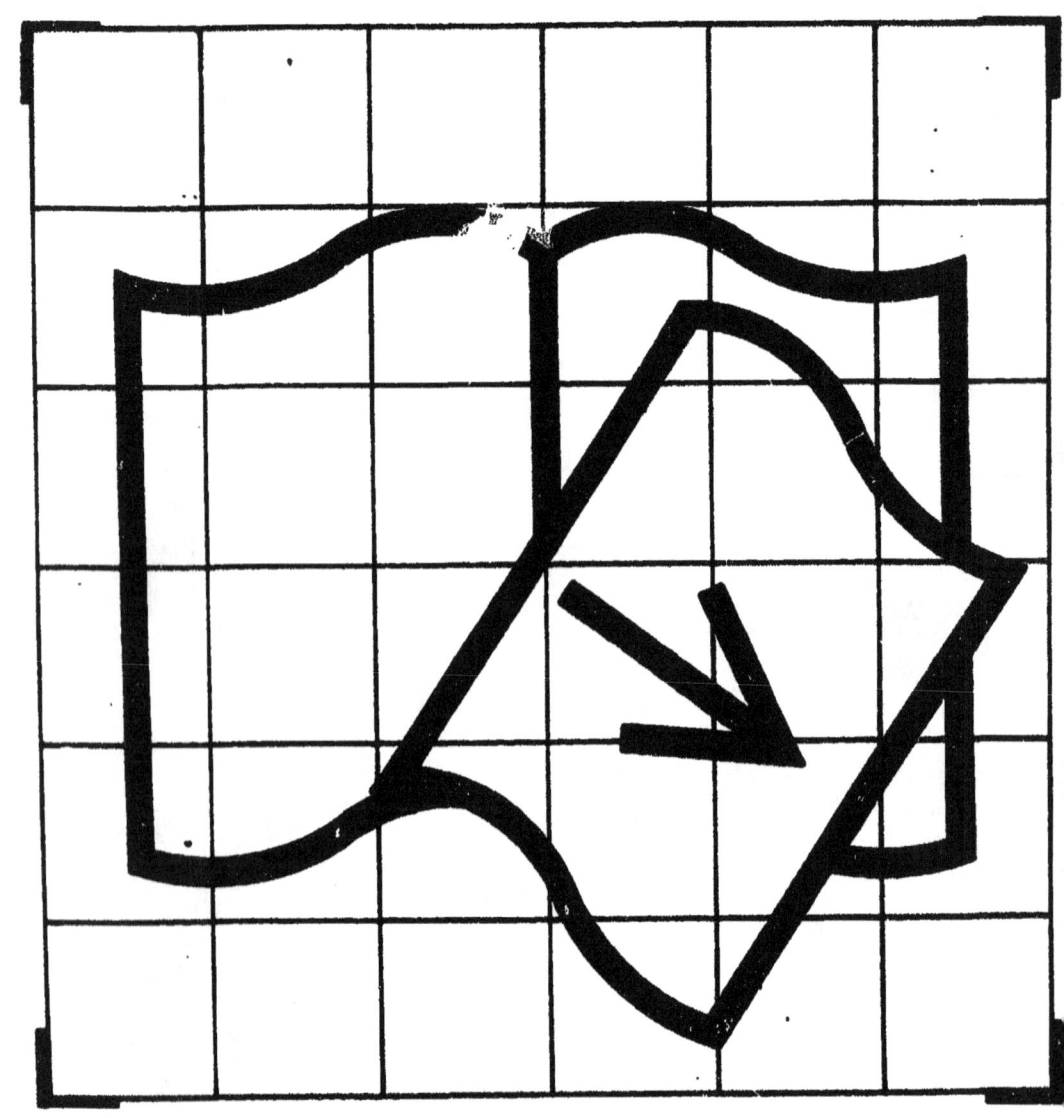

MORALE PRATIQUE

2ᵉ SÉRIE IN-8º

PROPRIÉTÉ DES ÉDITEURS

« Capet, si les royalistes te délivraient, que ferais-tu ?
— Je vous pardonnerais. » (P. 96.)

MORALE PRATIQUE

ENSEIGNÉE PAR L'EXEMPLE

A LA JEUNESSE FRANCAISE

PAR

G. DE GERANDO

PREMIER PRÉSIDENT HONORAIRE DE LA COUR D'APPEL DE NANCY
MEMBRE DES ACADÉMIES
DE BESANÇON, LYON, METZ ET STANISLAS A NANCY

CINQUIÈME ÉDITION

REVUE ET AUGMENTÉE

TOURS

ALFRED MAME ET FILS, ÉDITEURS

—

M DCCC LXXXVI

AVANT-PROPOS

Ce petit livre n'est pas un traité complet de morale élémentaire ; il en présente seulement, avec simplicité, les notions essentielles, pour les enfants qui sont à même de les comprendre et pour les jeunes gens qui touchent à l'âge où de fermes principes leur sont nécessaires pour devenir des hommes honnêtes et de bons citoyens.

Père de famille et ayant été délégué naguère à Paris, pendant plusieurs années, pour inspecter une des principales écoles primaires, je me suis convaincu que la morale s'inculque mieux à de jeunes intelligences par des leçons pratiques que par un enseignement purement dogmatique. Les maximes se justifient surtout par leurs applications, la théorie par la réalité. Aussi me suis-je attaché à faire comprendre et goûter les préceptes moraux par des exemples qui les mettent en action et qui sont, pour la plupart, des faits contemporains.

La conviction que j'exprime a pour elle une grande autorité, celle de Pie IX, qui, en répondant, le 2 octobre 1874, au Vatican, à une adresse du *Cercle de Saint-Pierre*, composé de jeunes Romains, a prononcé ces paroles qui pourraient paraître hardies dans toute autre bouche que la sienne : « Rappelez-vous que le bon exemple donné par les laïques vaut plus que tout un sermon d'un ministre des autels [1]. »

Je ne sépare pas la morale de la religion, et l'expérience m'a démontré que la première n'a qu'une base fragile si elle ne s'appuie pas sur les vérités et les convictions chrétiennes. En effet, comme l'a dit récemment un éminent prélat [2], « la morale sans la religion est une loi dépourvue d'une sanction suffisante, un effet sans cause adéquate. » L'année précédente, un illustre protestant, qui a rendu plus d'une fois un sincère

---

[1] *Annales catholiques*, numéro du 10 octobre 1874.
[2] Mgr Fruchaud, archevêque de Tours. — Allocution prononcée, le 12 novembre 1873, au service funèbre célébré pour M. Demetz dans la chapelle de la colonie de Mettray.

hommage au catholicisme, M. Guizot, avait, dans une assemblée publique, exprimé la même conviction : « La religion est intimement unie à la morale, car elle seule donne à la morale une sanction et un but au delà de la vie terrestre [1]. »

Tout mon travail suppose l'alliance de ces deux grands principes comme une indispensable garantie de la moralité; mais je réserve au prêtre l'exposition des dogmes religieux.

J'emprunte aussi à un membre de l'Académie française une citation qui répond à la pensée de cet écrit, et dont je me permets seulement de retrancher, pour plus d'exactitude, une simple alternative. « Les nations modernes, a dit M. d'Haussonville, ne peuvent se retremper qu'à ces trois grandes sources de toute moralité et de toute bonne conduite humaine : la religion, le devoir et l'honneur [2]. » Je suis, en effet, profondément convaincu que c'est à ces trois sources réunies que la France doit puiser sa régénération, et j'en fais découler les règles de conduite que je conseille à la jeunesse française.

Puisse Dieu bénir la pensée qui a inspiré cet

---

[1] Discours prononcé, le 20 avril 1872, à l'assemblée générale de la société pour l'encouragement de l'instruction primaire parmi les protestants de France.

[2] Réponse au discours de réception prononcé par M. Rousset dans la séance de l'Académie française du 2 mai 1872.

opuscule dans l'espoir de venir en aide à l'éducation virile et chrétienne de la génération dont dépend l'avenir de notre chère patrie [1] !

[1] Depuis que j'ai conçu le plan et commencé la rédaction de ce travail, j'ai trouvé dans un pénitencier de jeunes détenus, que j'ai visité en Belgique, un livre que je ne connaissais pas, un *Manuel de morale pratique et religieuse*, publié d'abord à Sens, puis à Namur, sans nom d'auteur, et qui a devancé le mien avec un mérite que je me plais à reconnaître. Nous nous sommes rencontrés dans une même pensée; mais l'auteur anonyme a donné plus de développements aux considérations morales et moins de place aux exemples anecdotiques.

MORALE PRATIQUE

ENSEIGNÉE PAR L'EXEMPLE

A LA JEUNESSE FRANÇAISE

CHAPITRE I

EXISTENCE ET PRÉSENCE DE DIEU — NOS DEVOIRS
ENVERS LUI

Ambroise Paré. — Olivier de Serres. — Inscription sur le château de Saint-Germain. — Le seigneur de Sablé et le prieur de Solesmes. — Le dauphin, père de Louis XVI. — Conversion et mort de Donoso Cortès. — Extrait d'une circulaire de Washington. — Échange de prisonniers par l'évêque d'Alger. — Le jeune de Châteauneuf. — Madame Louise, fille de Louis XV. — Inscriptions dans l'hospice des orphelins à Paris. — Lanfranc, archevêque de Cantorbéry. — Un commandant de gendarmerie et un évêque de Nice. — Le père Smet et l'ancien grenadier Jean-Baptiste de Volder. — Le compositeur-typographe Jean-Marie. — Napoléon Ier et le général Drouot. — Le médecin Bailly. — Le chirurgien Merit.

§ 1. — Pour tout homme de bon sens il est évident que l'univers ne s'est pas fait tout seul, qu'il est l'œuvre d'un Créateur suprême qui a formé les mondes innombrables suspendus dans l'immensité des cieux, et dont fait partie celui que nous habitons.

Le fait seul de l'existence de l'homme est aussi une

preuve de l'existence de Dieu; car, pour expliquer ce fait, il faut bien remonter à l'origine des générations humaines, à un premier homme qui n'a pas pu se donner l'être à lui-même, qui l'a reçu d'un être suprême que nous appelons Dieu.

Un membre de l'Académie française, dans une nouvelle préface ajoutée à un de ses meilleurs ouvrages, vient d'exprimer la même pensée : « Faut-il un effort bien extraordinaire de bon sens pour se dire : J'existe ; or je ne me suis pas fait moi-même, donc j'ai été fait par un autre; donc cet autre est mon maître et en sait plus que moi, puisqu'il a fait des hommes et que je ne saurais même pas faire un ver de terre[1] ? »

L'âme qui anime notre corps et qui est un principe intelligent ne peut pas être le produit de la matière, puisque celle-ci lui est assujettie, qu'elle est une substance inerte et incapable de communiquer un principe de vie qu'elle n'a pas elle-même. L'âme dérive donc d'une nature supérieure à la nôtre, de la nature divine.

La conscience du genre humain a, de tout temps et partout, proclamé l'existence de Dieu. On n'a jamais connu, même à l'époque du paganisme, on ne connaît pas un seul peuple, une seule tribu, quelque sauvages qu'ils soient, qui n'aient la notion de Dieu plus ou moins confuse, plus ou moins altérée, mais manifestée par un culte d'adoration. S'il se réduit quelquefois, dans des peuplades où n'a pas pénétré la lumière de l'Évangile, à des pratiques superstitieuses, elles n'en

---

[1] *Le Chemin de la vérité*, par M. le comte de Champagny; 2ᵉ édition, 1874.

attestent pas moins la croyance à un souverain créateur et maître de toutes choses.

« Tenez votre âme en état de souhaiter qu'il y ait un Dieu, et vous n'en douterez jamais. » Ce mot, d'un célèbre philosophe du siècle dernier, est la meilleure réponse de la morale au scepticisme qui nie ou hésite à reconnaître l'existence de Dieu.

Le grand chirurgien Ambroise Paré, né à Laval en 1518, qui fut le premier opérateur de son temps et qu'on regarde comme le père de la chirurgie française, rapportait à Dieu, avec une foi profonde, le succès de ses opérations. En parlant un jour d'un malade à qui il avait sauvé la vie : « Je le pansay, dit-il, Dieu le guarit. »

L'agronome Olivier de Serres, qui vivait aussi dans le XVIe siècle, auteur d'un ouvrage alors très estimé et qui a pour titre : *Théâtre d'agriculture et mesnages des champs*, au dire de son ami Bernard Palissy, l'artistique potier, avait inscrit ces mots sur sa maison :

SANS DIEU RIEN NE PEUT PROFITER

Devise bonne à graver dans notre mémoire et dans notre cœur.

Lorsqu'on visite le château de Saint-Germain, une inscription mérite aussi d'être remarquée; c'est celle qui est gravée sur une pierre au-dessus d'une porte d'entrée de l'ancienne chapelle :

L'IMPIÉTÉ EST UN VICE DE L'ESPRIT QUI CONDUIT
A LA CORRUPTION DU CŒUR

Quel frein pour les passions humaines, que la foi en Dieu et la crainte de sa justice! « Moine, disait un jour le seigneur de Sablé au prieur de Solesmes, si je ne craignais Dieu, je te jetterais dans la Sarthe. — Monseigneur, repartit le moine, si vous craignez Dieu, je n'ai rien à craindre[1]. »

Je ne ferai pas ressortir toutes les conséquences, aussi salutaires aux sociétés humaines qu'aux individus, qui découlent de l'existence de Dieu; je n'en signalerai qu'une, c'est le principe de la véritable égalité des hommes, de leur égalité religieuse devant le Créateur suprême, qui est aussi le principe de leur égalité civile devant la loi.

Comme l'a dit un éminent prélat : « Devant le Dieu qui nous jugera sur son tribunal, il n'y a que la vertu qui soit une dignité, la fidélité à observer la loi du Seigneur qui soit une distinction, la sainteté qui soit une noblesse[2]. »

Cette vérité chrétienne avait été, dans le siècle dernier, bien comprise et exprimée par un prince qui aurait été un des meilleurs rois de France, s'il avait vécu assez longtemps pour monter sur le trône. Le dauphin, père de Louis XVI, le jour où se fit à l'église la cérémonie du baptême pour le dernier de ses enfants, qui n'avait été qu'ondoyé, se fit apporter le registre de la paroisse où le nom du jeune prince avait été inscrit, et, l'ayant ouvert, il fit remarquer à ses autres enfants que celui qui précédait leur frère sur

---

[1] *Notre Histoire en cent pages*, par M. Gustave Hubault, professeur d'histoire au lycée Louis-le-Grand.
[2] *Instruction pastorale* du cardinal de Bonald, archevêque de Lyon et de Vienne, à l'occasion du carême de 1842.

ce registre était le fils d'un pauvre artisan. « Mes enfants, dit-il, aux yeux de Dieu les conditions sont égales, et il n'y a de distinctions que celles que donnent la foi et la vertu. Vous serez un jour plus grands que cet enfant dans l'opinion des peuples; mais il sera lui-même plus grand que vous devant Dieu, s'il est plus vertueux[1]. »

Lorsque Donoso Cortès, qui a été ambassadeur d'Espagne à Paris, revint aux convictions chrétiennes que lui avait fait perdre la lecture de quelques ouvrages français, un des témoins d'une conversation qu'il avait, au sujet de sa conversion, avec Mme Swetchine, lui dit : « En vérité, monsieur l'ambassadeur, Dieu vous a fait une grande grâce en vous éclairant si subitement, et quand vous ne pensiez plus à le chercher. Il faut qu'il y ait dans votre vie quelque circonstance particulière qui vous ait mérité une telle faveur. — Toute ma vie a été fort ordinaire, reprit Donoso Cortès. Peut-être cependant un sentiment a pu être agréable à Dieu : je n'ai jamais regardé le pauvre qui était à ma porte sans penser que je voyais en lui un frère. » (Extrait de la *Semaine religieuse de Cambrai*, 1874.)

La croyance en Dieu, la foi religieuse, n'est pas seulement le fondement de la morale, mais elle est aussi le principe de la grandeur intellectuelle et des grandes actions. C'est ce qu'avait bien compris et exprimé, dans une solennité littéraire, un célèbre auteur contemporain, à une époque où il était encore à la hauteur de sa renommée : « Qui que vous soyez, vou-

---

[1] *Anecdotes chrétiennes*, par l'abbé Reyre, 3e édition, t. I, p. 318.

lez-vous avoir de grandes idées et faire de grandes choses? Croyez, ayez foi! Ayez une foi religieuse, une foi patriotique, une foi littéraire!... Sachez d'où vous venez, pour savoir où vous allez. La foi est bonne et saine à l'esprit. Il ne suffit pas de penser, il faut croire. C'est de foi et de conviction que sont faites, en morale les actions saintes, et en poésie les idées sublimes [1]. »

Le premier, l'illustre président de la république des États-Unis, Washington, avait bien compris et aussi hautement proclamé la nécessité de la foi religieuse pour les sociétés, l'influence des principes chrétiens sur leur prospérité, lorsqu'il disait aux gouverneurs d'États [2] : « Je forme le vœu ardent que Dieu vous garde, vous et l'État que vous dirigez, sous sa sainte protection..., pour que nous pratiquions cette charité, cette humilité, cette mansuétude, qui forment les attributs caractéristiques du divin auteur de notre sainte religion. Car il n'y a pas d'exemple qu'une nation puisse être heureuse si elle n'observe fidèlement ces règles et ne se pénètre de ces vertus. »

Un récit qui appartient à l'histoire de la conquête de l'Algérie par la France manifeste admirablement la bienfaisante influence de la foi religieuse sur un grand intérêt social. J'extrais ce récit d'une lettre de Mgr l'évêque d'Alger, en date du 24 mai 1841 [3] :

« Le 19 mai, à midi, après toutes sortes de négociations et d'angoisses qui duraient depuis plus de sept

---

[1] Victor Hugo. — Réponse à M. Sainte-Beuve, lors de sa réception à l'Académie française, le 27 février 1845.

[2] Circulaire adressée, le 8 juin 1783, aux gouverneurs d'États, au sujet du licenciement de l'armée.

[3] *Annales de la propagation de la foi.* — Juillet 1841.

mois, j'ai reçu du califat d'Abd-el-Kader en personne tous les prisonniers français en échange des prisonniers arabes que je lui conduisais. Dieu a permis que je ne fusse escorté d'aucune force armée, pas même d'un seul soldat, et je suis allé à une lieue et demie de nos avant-postes, uniquement accompagné de mes deux vicaires généraux, au milieu de douze cents cavaliers arabes armés jusqu'aux dents.

« Pendant ce temps-là on se battait à quelques lieues, le canon grondait dans la direction du col de Teniah; je n'avais que ma crosse et ma croix pour toute défense.

« Quelle scène, ô mon Dieu! six cents malheureux prisonniers chantaient les cantiques de la délivrance, le jour même de l'Ascension, alors que nous ramenions en triomphe, aux acclamations des Arabes et des Français, la troupe des délivrés. »

§ 2. — On ne peut concevoir Dieu que comme un être parfait, et par conséquent infini, présent dans toute sa création. Il est l'invisible témoin de toutes nos actions et de toutes nos pensées, dont il sera un jour le souverain juge; nous devons donc nous rappeler sans cesse que nous sommes en la présence de Dieu. Que de fautes nous éviterions si nous étions plus pénétrés de cette conviction! La présence d'un homme à l'opinion de qui nous tenons suffit pour nous maintenir dans le devoir; comment y manquons-nous si souvent en présence de la majesté infinie de Dieu?

Nous pouvons facilement nous tenir en sa présence, élever notre cœur vers lui dans les actes les plus simples de notre existence journalière; le lever et le coucher, les repas, le travail, une promenade, une jouissance, sont autant d'occasions et de motifs de nous souvenir de Dieu. Sa présence doit être pour l'âme ce que le soleil est pour la nature.

Quel profond sentiment de la présence de Dieu avait un célèbre philosophe du siècle dernier, lorsqu'il a dit dans un de ses ouvrages [1] : « Si j'avais un enfant à dresser, je lui ferais de Dieu une compagnie si réelle, je multiplierais tellement autour de lui les signes indicateurs de la présence divine, que je l'accoutumerais à dire : Nous étions quatre : Dieu, mon ami, mon précepteur et moi. »

Vers la fin du siècle dernier, un enfant de neuf ans, fils de M. de Châteauneuf, fut présenté à un évêque qui lui dit : « Mon petit ami, vous savez sans doute votre catéchisme; eh bien! je vous donnerai une orange si vous me dites où est Dieu. — Monseigneur, répondit l'enfant, je vous en donnerai deux si vous me dites où il n'est pas [2]. »

Un jour que Madame Louise, fille de Louis XV, devenue carmélite, était à l'infirmerie du couvent, une religieuse lui conseilla de se soustraire, pour sa santé, à une des observances de l'ordre en usant de la dispense sans que personne le sût. Madame Louise la réprimanda et répondit avec vivacité : « Ce serait de l'hypocrisie; à Dieu ne plaise que je me permette jamais en sa présence une action pour laquelle je craindrais les regards des hommes ! »

---

[1] *Pensées philosophiques.* — 1746.
[2] *Journal de Paris.* — 1787.

J'ai souvenir d'avoir vu à Paris, en 1823, dans l'hospice des Orphelins alors situé rue du Faubourg-Saint-Antoine, une salle où l'on travaillait au raccommodage du linge et des vêtements, et où se trouvaient ces deux inscriptions :

NOUS SOMMES EN LA PRÉSENCE DE DIEU
LA PERTE DU TEMPS EST IRRÉPARABLE

Cette double sentence, qui enseignait à de pauvres orphelins le prix et le bon emploi du temps sous le regard de Dieu, ne devrait-elle pas nous servir de règle à tous?

§ 3. — Par cela seul que nous sommes les créatures et, comme l'a dit l'Écriture sainte, les enfants de Dieu, nous avons des devoirs de piété filiale à remplir envers lui : nous lui devons respect, obéissance, amour et gratitude. Mais que dirait-on d'un fils qui se bornerait à honorer son père tacitement, sans jamais manifester au dehors sa déférence et sa tendresse? Nous devons donc à notre Créateur, à notre Père suprême, un culte intérieur et un culte extérieur, celui de l'âme et celui du corps. Le premier, le meilleur hommage du culte intérieur, c'est la prière, élan de l'âme vers Dieu, qui établit entre elle et lui une intime union. Dite en commun avec nos semblables, elle se fortifie du concours fraternel de leurs invocations, acquiert un mérite de plus en participant à ceux des âmes associées à la nôtre, et s'élève à son plus haut degré lorsqu'elle s'épanche dans la réception des sacrements qui, en nous unissant plus étroitement encore à Dieu, sanctifient tout à la fois le culte intérieur et le culte extérieur.

Que d'exemples on pourrait citer de la salutaire influence et de l'efficacité de la prière, lorsqu'elle part d'un cœur qui s'élève vers Dieu avec une soumission complète à sa volonté !

Un célèbre savant du xi° siècle, Lanfranc, s'était exclusivement adonné à l'étude des sciences humaines et s'était ainsi acquis une grande réputation; mais il avait entièrement négligé l'étude et la pratique de la religion. Traversant un jour une forêt pour aller à Rouen, il fut arrêté par des voleurs qui, après l'avoir dépouillé de tout ce qu'il avait, lui lièrent les mains derrière le dos, lui bandèrent les yeux, et le laissèrent dans d'épaisses broussailles éloignées du chemin. Il se lamentait sur son sort quand, la nuit étant venue, il rentra sérieusement en lui-même et voulut prier Dieu ; mais, n'ayant pas appris à le faire, il se borna à dire avec ferveur : « Seigneur, j'ai usé à l'étude mon corps et mon esprit, et je ne sais pas encore comment je dois vous prier. Délivrez-moi de ce péril, et avec votre secours je réglerai tellement ma vie, que je pourrai vous servir et ne plus m'attacher qu'à vous. » Au point du jour, il entendit des voyageurs qui passaient et se mit à crier pour qu'ils vinssent à son secours. Ils s'approchèrent, et, ayant appris qui il était, ils le délièrent et le ramenèrent dans le grand chemin.

Lanfranc, fidèle à la promesse faite dans sa prière, se rendit à l'abbaye du Bec, qui était la plus pauvre du pays, y embrassa la vie religieuse sous la règle de

Saint-Benoît, et devint archevêque de Cantorbéry en Angleterre [1].

Un commandant de gendarmerie de Nice, revenant de faire une tournée dans les montagnes, dit à M. Alphonse Karr (à qui j'emprunte ce récit) : « Je vous avoue que j'ai eu peur plus d'une fois dans ces sentiers, entre deux précipices, où il faut sans cesse passer à cheval. Ce qui m'étonne, c'est que notre évêque, qui est un vieillard, fait souvent la même tournée sur un mulet, et qu'on m'a assuré qu'on ne lui a jamais vu ni peur ni hésitation. » Mgr Sola, évêque de Nice, à qui M. Alphonse Karr répéta ces paroles, lui dit : « Si vous revoyez le commandant, apprenez-lui mon secret, qui est bien simple. Quand j'arrive à des sentiers qui passent pour plus dangereux que les autres, je m'arrête un moment, je fais une courte prière, je recommande à Dieu d'abord mon âme, puis un peu mon corps, m'abandonnant, sur ce dernier point, à sa volonté. Après quoi je me remets en route ; ça ne me regarde absolument plus, et je pense à autre chose. »

Un petit livre qui est et sera toujours le meilleur résumé de nos devoirs religieux, le catéchisme, nous enseigne que nous devons et comment nous devons connaître, aimer et servir Dieu.

Le connaître, c'est acquérir, autant qu'il dépend de nous, la notion de son essence, de ses attributs et de ses perfections.

Sans doute cette notion est nécessairement imparfaite, puisque notre intelligence est limitée ; mais,

---

[1] *Histoire ecclésiastique.* — An 1050.

comme l'a dit saint Paul [1], nous pouvons comprendre la divinité, la puissance éternelle et les perfections invisibles de Dieu, par la connaissance que nous en donnent les choses visibles, les merveilles de la création. En un mot, nous pouvons connaître Dieu par Dieu, et non seulement par ses œuvres, mais aussi par les vérités qu'il a lui-même révélées.

Aimer Dieu, c'est rendre amour pour amour à *Celui qui nous a aimés le premier* [2], c'est lui donner la plus grande place dans nos affections, c'est aimer en lui et pour lui nos parents, nos amis, notre prochain.

Servir Dieu, c'est lui prouver par nos actes et nos paroles, par notre obéissance à ses commandements, par la pratique des vertus qu'ils nous prescrivent, que nous l'adorons et l'aimons véritablement. « Servir Dieu dans les hommes en s'oubliant soi-même, a dit un illustre contemporain [3], voilà la grande vérité chrétienne que les temps n'ont pu effacer. Avec cela on fait des hommes pour la terre et des hommes pour le ciel. »

C'est ce qu'avaient compris, ce que nous ont enseigné par leurs exemples, des hommes appartenant à toutes les conditions sociales. La vie des saints nous en montre un grand nombre, dans les plus humbles comme dans les plus hautes situations. Je renvoie mes jeunes lecteurs aux ouvrages qui racontent en abrégé ces admirables vies, et je mets sous leurs yeux de plus modestes et de plus récents exemples.

En voici un qui prouve comme on peut, même dans

---

[1] *Ép. aux Romains*, c. 1.

[2] I™ *Ép. de saint Jean*, c. IV.

[3] M. de Lamartine. — Lettre adressée de Saint-Point, le 13 septembre 1838, à M. Calmels.

des lieux déserts et au milieu des périls d'une vie aventureuse, rester fidèle à l'adoration et à l'amour de Dieu. Le père Smet, missionnaire dans l'Amérique du Nord, a fait, en 1840, un voyage aux montagnes Rocheuses. A son retour, il écrivit de la ville de Saint-Louis : « Outre mon escorte de *Têtes-Plates*[1], j'avais encore avec moi un intrépide Flamand, Jean-Baptiste de Velder, ancien grenadier de Napoléon. Des champs de bataille d'Europe il était venu dans les forêts du nouveau monde, où il a passé les dernières années de sa vie à la poursuite des ours et des castors. Il avait presque oublié la langue de sa patrie, à l'exception de ses prières et d'un cantique en l'honneur de Marie, qu'il avait appris sur les genoux de sa mère et qu'il récitait tous les jours dans ses chasses aventureuses[2]. »

Un exemple, plus récent encore, nous montre l'accomplissement du devoir moral et religieux dans la classe ouvrière et les heureux résultats qu'il a eus.

M. Jean-Marie, né à Amiens en 1832, avait été, douze ans après, placé en apprentissage dans une imprimerie en qualité de compositeur-typographe. Il eut d'abord, à cause de ses habitudes morales et religieuses, à subir toutes sortes de désagréments dans l'atelier; mais, par la douceur et la loyauté de son caractère, il finit par se concilier ceux mêmes qui l'avaient raillé, et il se fit tellement aimer de tous les contremaîtres et ouvriers, que le jour de sa fête, en arrivant à l'imprimerie, il trouvait sa *casse* garnie

---

[1] Nom d'une tribu de sauvages.
[2] *Annales de la propagation de la foi.* — Janvier 1842.

de fleurs par ses camarades, et, sous les fleurs, un objet de piété.

En 1853, à la mort de sa mère, qui recevait de lui les soins les plus tendres, il entra dans la congrégation des frères de Saint-Vincent-de-Paul, et, après avoir été professeur dans un orphelinat, devint directeur d'une maison de patronage pour les ouvriers.

Il dirigeait celle de Tournay, en Belgique, à la tête de laquelle il avait été placé pendant le siège de Paris, lorsqu'il tomba en défaillance et succomba, le 7 juillet 1871, à une courte maladie, avec la sérénité du juste, le sourire sur les lèvres et les yeux tournés vers le ciel. On a fait de lui ce simple et touchant éloge : qu'il s'était toujours montré doux, aimable et bon avec ses confrères dans les œuvres charitables, comme avec ses compagnons d'atelier.

Un grand nombre de mes lecteurs auront entendu citer une belle parole de Napoléon Ier sur le jour de sa première communion, qui atteste sa foi chrétienne; mais ils ne savent pas sans doute sur quel témoignage repose l'authenticité de cette parole. Mgr Donnet, cardinal-archevêque de Bordeaux, avait été auparavant évêque de Nancy et fort lié avec le général Drouot, qui s'était retiré dans cette ville. Je tiens du cardinal que c'est le général Drouot qui lui a raconté dans quelle circonstance Napoléon a dit : « Le plus beau jour de ma vie a été le jour de ma première communion. » Il prononça ce mot dans sa tente, après une victoire, au moment où il recevait les félicitations de ses officiers. Remarquant de la surprise parmi ceux qui l'entouraient, il s'approcha de Drouot, et lui serrant la main : « Vous, lui dit-il, vous me comprenez. »

Ce manuel n'est pas un cours de religion; mais il devait faire reposer d'abord sur la croyance de Dieu, et les conséquences qui en découlent nécessairement, la base du petit édifice de morale élémentaire que j'essaye d'élever, et sans laquelle il n'aurait aucune solidité. Mes lecteurs n'ignorent pas que les navigateurs ont besoin d'une boussole pour se guider sur l'Océan; eh bien, pour l'homme si rapidement emporté sur le courant de la vie, la religion est la boussole indispensable pour faire route à travers les écueils, en même temps qu'elle est le phare qui indique le port et éclaire le terme du voyage.

Telle était la conviction d'un savant médecin de Blois, M. Bailly, qui, en 1837, la veille de sa mort, voyant près de son lit un ami au désespoir, lui fit signe d'approcher et lui dit d'une voix presque éteinte: « Croyez ce que je vais vous dire; si vous me voyez calme et moins triste que vous, c'est que j'espère en la miséricorde de Dieu et que j'ai la vive persuasion que nous nous reverrons ailleurs. » En disant ces mots, il essayait de regarder le ciel, et de sa main défaillante le montrait à son ami.

Il y a peu de mois, les mêmes convictions étaient exprimées par deux chirurgiens d'un mérite supérieur.

Le 30 avril 1875 avaient lieu à Paris les obsèques de M. Marit, ancien chirurgien en chef de la garde, médecin-inspecteur, membre du conseil de santé des armées, commandeur de la Légion d'honneur. Sur sa tombe, un discours fut prononcé par M. Cazalas, président du conseil de santé des armées.

Après avoir retracé les éminents services rendus à la médecine militaire par le docteur Marit, les qualités de l'homme de science et de bien, dévoué au service de son pays, M. Cazalas a rappelé qu'il était mort en exprimant les sentiments les plus religieux. Cet homme excellent disait à sa dernière heure : « Si des adieux me sont adressés par des camarades de l'armée, il importe peu de parler de mes services ; mais il ne faut pas oublier de dire que je meurs plein de foi dans les vérités du christianisme[1]. »

[1] Extrait du *Moniteur universel*, numéro du 2 mai 1878.

CHAPITRE II

L'ÂME — SON IMMORTALITÉ — RESPECT QUI LUI EST DU

*Le chirurgien Dupuytren. — Le chirurgien Nélaton.
— Le riche de l'Évangile. —
M. Nadau-Desislets. — Le cardinal de Cheverus.*

« Le corps est une maison, et l'âme est le maître qui l'habite. » C'est à saint Augustin[1] que j'emprunte cette définition, dont la simplicité fait si bien comprendre la distinction de l'âme et du corps.

Les derniers adieux du docteur Bailly à son ami et ceux du chirurgien Marit, qui terminent le chapitre précédent, témoignaient de leur ferme croyance à l'immortalité de l'âme. Le plus éminent chirurgien de notre siècle, Dupuytren, a toujours aussi et hautement professé cette croyance; il ne comprenait pas qu'en disséquant des corps privés de vie, on pût s'imaginer que l'âme qui avait vivifié ces corps était morte avec eux.

[1] Discours sur le psaume XLVIII.

En effet, l'âme est le principe vital de l'homme, une substance spirituelle qui est unie au corps et en dirige les fonctions, mais qui en est parfaitement distincte et n'est ni divisible ni corruptible comme la matière.

Un digne élève de Dupuytren, le grand chirurgien Nélaton, qui a succombé, au mois de septembre 1873, à une maladie de cœur, partageait les convictions spiritualistes et chrétiennes de son illustre maître. Voici ce qu'a dit de lui un de ses confrères : « L'exercice constant de la charité, la simplicité de son cœur en même temps que l'étude de Dieu dans un livre écrit de la main de Dieu même, méritèrent à Nélaton cette mort qui fit l'admiration de tous ceux qui l'assistèrent pendant ses derniers jours. Le grand chirurgien s'éteignit consolé et fortifié par la foi catholique, qu'il professsait hautement, prouvant une fois de plus qu'une connaissance intime des merveilles de la nature élève l'âme à la plus sublime conception de la divinité[1]. »

Je reviens à quelques-unes des démonstrations les plus nettes et les plus convaincantes de la nature et de l'immortalité de l'âme.

Le prince des philosophes et orateurs romains a dit avec une admirable précision : « L'âme, c'est l'homme même; c'est par elle qu'il existe. La véritable vie ne commence que lorsque l'âme, brisant les chaînes du corps, en sort, comme d'une prison, pour s'élancer au ciel[2]. »

---

[1] Article scientifique du docteur Decaisne dans le *Correspondant*. — Numéro du 10 octobre 1873.
[2] Cicéron. — *De la République*, l. VI.

Le grand naturaliste Buffon a reproduit la pensée de Cicéron lorsque, dans son *Histoire générale des animaux*, il a ainsi caractérisé la vie de l'homme : « C'est l'âme qui fait proprement notre existence; la matière n'est qu'une enveloppe étrangère dont l'union nous est inconnue et la présence nuisible. »

Un de nos premiers moralistes, la Bruyère, se plaçant à un autre point de vue, a dit avec non moins de justesse : « L'âme est ce qui pense; or, comment peut-elle cesser d'être telle[1]? »

L'âme est le foyer de la raison, de la conscience, du sentiment moral, des affections : dès qu'on est convaincu de l'existence de Dieu, comment supposer qu'il aurait doué sa créature intelligente de si nobles attributs pour quelques jours seulement, pour que le principe dont ils émanent périsse avec le corps?

L'idée de l'âme implique d'elle-même l'idée d'immortalité; car l'âme n'est pas composée de parties, et par conséquent n'est point sujette à la mort, qui est une décomposition.

L'âme aspire à la vérité sans pouvoir jamais l'atteindre complètement, au bonheur toujours imparfait ici-bas : l'immortalité seule peut satisfaire ce besoin de bonheur et de vérité, qu'un Dieu infiniment bon n'a pas inspiré à l'âme pour l'abuser en la frustrant de ses plus nobles espérances.

Et la justice, dont la notion est si profondément gravée dans notre conscience, ne serait-elle pas un vain mot si elle ne devait être, après notre mort, souverainement rendue à nos actions bonnes ou mau-

---

[1] *Les Caractères*, c. xi.

vaises, au crime si souvent impuni, à la vertu si souvent méconnue sur cette terre?

Le culte des tombeaux, dans tous les temps et chez tous les peuples, proclame la foi instinctive du genre humain à l'immortalité de l'âme; car, si cette foi n'était qu'une chimère, on ne comprendrait pas l'universalité du sentiment qui consacre la mémoire des morts.

Un homme riche, dont les terres avaient produit une abondante récolte, se demandait en lui-même : Que ferai-je? Je n'ai point de greniers qui puissent contenir toute ma récolte. Voici, dit-il, ce que je ferai : j'abattrai mes greniers, j'en rebâtirai de plus vastes, j'y amasserai ma récolte et tous mes biens, et je dirai à mon âme : Mon âme, tu as de grands biens en réserve pour plusieurs années; repose-toi, mange, bois, fais bonne chère. — Mais Dieu lui a dit : « Insensé, cette nuit même on va te redemander ton âme, et pour qui seront ces richesses que tu as amassées? »

Cette parabole de l'Évangile [1], qui peint au vif et flétrit le matérialisme, proclame, par cela même, l'immortalité de l'âme.

Ce riche, qui ne pensait qu'à la bonne chère et aux jouissances physiques, était un homme sensuel, ne voyant rien au delà de cette terre, un de ces hommes vraiment à plaindre, qu'un de nos meilleurs moralistes [2] a caractérisés par ce mot aussi juste que spirituel : « Ils différeraient peu des brutes, s'ils ne parlaient de ce qu'ils mangent. » Déjà Bossuet avait

---

[1] Saint Luc, c. xii.
[2] Droz. — *Essai sur l'art d'être heureux*, c. iv.

dit : « Il existe des hommes qui se ravalent au-dessous de la brute, pour avoir le droit de vivre comme elle. »

Avec quel sentiment non moins patriotique que religieux Mʳ Dupanloup, évêque d'Orléans, a exprimé la même conviction lorsqu'il a dit à l'Assemblée nationale, et vivement applaudi par elle[1] : « Il y a, si j'ose le dire, quelque chose de plus sacré que l'intelligence : c'est l'âme, c'est la conscience, c'est le cœur de la jeunesse française. Que Dieu nous préserve de multiplier jamais parmi nous la race des esprits sans cœur, la race des hommes sans âme, non seulement de ceux qui se font honneur de dire qu'ils n'en ont pas, mais la race de ceux qui, croyant à leur âme, vivent comme s'ils n'en avaient pas ! »

Que mes jeunes lecteurs se pénètrent de ces nobles paroles, et ils mériteront bien de la France.

Un des meilleurs ouvrages de notre temps[2] nous offre un admirable exemple des fortes et consolantes convictions qui naissent de la croyance à l'immortalité de l'âme. Lors du tremblement de terre qui fit, en 1845, tant de ruines et de victimes à la Guadeloupe, M. Nadau-Desislets vit sa femme, ses sept enfants et sa sœur écrasés sous ses yeux. Dans quel désespoir aurait pu le jeter une si affreuse catastrophe ! Voici un extrait d'une lettre qu'il écrivit à un de ses amis le 14 février 1845 : « En me voyant enlever, en moins de deux minutes, tous ces corps si pleins d'une admirable beauté, de cette beauté sur laquelle la vertu et l'intelligence jettent un reflet cé-

---

[1] Séance du 29 mai 1872.
[2] *Études philosophiques sur le christianisme*, par Auguste Nicolas.

leste, j'étais perdu si j'avais pris le néant pour la limite de l'homme. Aujourd'hui je suis calme, tranquille, résigné ; je m'incline avec respect sous la main qui a voulu que les choses fussent ainsi *modifiées*, car elle est dirigée par des principes d'une éternelle et parfaite justice... Croyez-en votre vieil ami : Louise est immortelle, Victorine et Stéphanie sont immortelles ; mes enfants, si pleins d'innocence et de grâce, sont immortels. Sentir autrement, ce serait fouler aux pieds toutes les affections basées sur la vertu. »

« Après Dieu, a dit saint Augustin, il n'y a rien de plus grand que notre âme. » Nous devons donc la respecter. Gardons-nous de la souiller par le vice ou des fautes qui l'exposeraient aux rigueurs de la justice divine. Purifions-la, si la faiblesse humaine l'a ternie, par un repentir sincère et le sacrement de pénitence. Ce respect est dû non pas seulement à notre âme, mais aussi à celle de notre prochain. Évitons scrupuleusement tout ce qui pourrait, soit par nos actes, soit par nos paroles, en altérer la pureté, ou la blesser par la violence.

Dans un autre ordre d'idées, sachons souffrir les opinions loyales et sincères de nos semblables, sans renoncer toutefois à les éclairer et à combattre les erreurs dont elles peuvent être entachées. Ne nous hâtons pas de juger leurs intentions.

Je suis heureux de m'appuyer encore ici sur saint Augustin, qui a nettement posé et expliqué le principe que je rappelle en nous traçant cette règle de conduite : « N'ayez point la hardiesse de porter un jugement sur le cœur d'autrui, que vous ne voyez pas... Sans doute toute action dont il est manifestement impossible de dire : Je l'ai faite dans une bonne intention, est soumise à notre jugement; mais nous devons réserver au jugement de Dieu, sans les juger nous-mêmes, celles qui sont faites avec des intentions que nous ne connaissons pas[1]. »

Qui, de nos jours, a mieux compris et pratiqué la charité chrétienne, tout en conservant une fermeté inflexible sur les dogmes de la foi et sur la doctrine catholique, que l'éminent cardinal de Cheverus, qui fut successivement évêque de Boston dans les États-Unis, et en France évêque de Montauban, puis archevêque de Bordeaux? « Il s'élevait avec force, a dit de lui son plus digne biographe[2], contre ce préjugé si commun qui transforme en hommes méchants et mal intentionnés tous ceux qui diffèrent de nous en religion ou en politique.— Il n'y a, disait-il, qu'une profonde ignorance des hommes et du monde qui puisse accueillir un pareil préjugé; pour moi, j'ai rencontré des hommes bons, charitables, obligeants, aimables, dans toutes les sectes religieuses et dans tous les rangs politiques. »

---

[1] *Explications de quelques propositions de l'Épître aux Romains*, §§ 78 et 79.
[2] M. l'abbé Hamon, curé de Saint-Sulpice. — *Vie du cardinal de Cheverus.*

CHAPITRE III

LE DEVOIR — LA CONSCIENCE

M. Buchez. — Louis XIV. — M⁰⁰ Lefort. — La famille de M⁰⁰ Desbordes-Valmore. — Tribus sauvages de la Colombie britannique. — Le maréchal Fabert. — Le maréchal Catinat. — Le général Lee, directeur d'un collège. — Un frère des Écoles chrétiennes sur un champ de de bataille. — Deux camarades de pension. — Le sergent-major et le curé d'Alais.

En démontrant l'existence de Dieu, l'immortalité de l'âme et les obligations qui découlent de ces deux dogmes, nous avons posé les bases du devoir; car il consiste dans l'accomplissement de la loi morale, qui n'est autre que la loi de Dieu, puisqu'il l'a lui-même gravée dans notre conscience, et cette loi se résume en ce que nous devons à notre Créateur, à notre prochain et à nous-mêmes, c'est-à-dire à notre âme immortelle.

Le 31 mars 1848, M. Buchez, qui venait d'être nommé adjoint du maire de Paris, visita l'établissement de Saint-Nicolas, où étaient recueillis, par la charité d'un prêtre, près de mille orphelins, et il leur adressa ces nobles paroles : « Le devoir est la loi, la règle, le principe du bien en ce monde. Quand le devoir commande, il ne faut pas regarder derrière soi, ni à droite ni à gauche; il faut marcher droit devant soi, là où il vous appelle. Or le devoir ne s'accomplit qu'à une condition, c'est que l'on ne pense jamais à une récompense. La récompense du devoir, jeunes élèves et ouvriers qui m'écoutez, est ailleurs que sur cette terre : c'est Dieu qui s'en est chargé. »

C'est ainsi que le respect de soi-même se confond avec le sentiment du devoir lorsque, sans idée de profit ou de louange, souvent même sans espoir en ce monde, on immole toutes ses jouissances à la satisfaction du devoir, en ne recherchant que l'approbation de sa conscience et de Dieu.

C'est ce qu'ont fait des milliers de martyrs dans les premiers siècles du christianisme, ce que font encore journellement, dans la vie privée comme dans la vie publique, tant de nobles cœurs qui, en se dévouant à la patrie, à la famille, au soin des malheureux ou des souffrants, deviennent les martyrs du devoir.

On ne vous demande pas d'aller jusqu'au martyre, car il n'est pas donné à tous d'être des héros, et on en trouve même rarement l'occasion. Mais il dépend de vous et il vous est facile de vous montrer respectueux et dociles à l'égard de vos parents et de vos maîtres, de bien profiter de l'instruction qu'ils vous donnent, d'être amis dévoués et bons camarades, d'avoir des égards pour vos inférieurs, et, tout en vous livrant aux amusements légitimes de votre âge, de fuir les plaisirs qui énervent le corps et l'âme. Gardez-vous surtout de l'égoïsme qui dessèche les cœurs, étouffe tout généreux instinct, et perd les sociétés en immolant l'intérêt public à l'intérêt personnel. Vous pourrez ainsi vous élever, s'il le faut, à la hauteur du sacrifice pour sauver votre pays, votre honneur, votre foi; vous pourrez du moins prendre l'habitude de vous respecter vous-même et de respecter les autres, et mériter qu'on dise de vous un jour (simple, mais grand éloge) : Il est homme du devoir.

En sortant d'un sermon prêché devant Louis XIV et qui contenait quelques vérités sévères dont il pouvait se faire l'application, quelques seigneurs de sa cour exprimèrent devant lui l'opinion que le prédicateur avait parlé avec trop de liberté; le roi leur répondit : « Le prédicateur a fait son devoir, faisons le nôtre. »

A une tout autre époque, une généreuse femme s'est approprié ce mot et l'a mis en pratique au risque de sa vie. En 1793, Mme Lefort, qui habitait un département de l'Ouest, apprend que son mari est incarcéré comme conspirateur; elle achète la permission de le voir et va le trouver, au déclin du jour, avec des vêtements doubles. Grâce à un travestissement, M. Lefort s'échappe, et le lendemain on découvre que sa femme a pris sa place. Le représentant du peuple la fait paraître devant lui, et dit d'un ton menaçant : « Malheureuse, qu'avez-vous fait? — Mon devoir, lui répond-elle; faites le vôtre. »

Mme Desbordes-Valmore, auteur de poésies pleines de sentiments délicats, dans une lettre adressée, en 1859, à M. Sainte-Beuve, membre de l'Académie française, a révélé un fait puisé dans ses souvenirs de famille et qui nous offre un admirable exemple de l'accomplissement du devoir au point de vue religieux. Elle venait d'avoir quatre ans lorsque son père, n'ayant plus de travail, tomba dans la misère. « Les grands-oncles de mon père, dit-elle dans cette lettre, exilés en Hollande à la révocation de l'édit de Nantes, offrirent à ma famille leur immense succession si on voulait nous faire élever, ma sœur et moi, dans la religion protestante. Ces deux oncles étaient centenaires et vivaient dans le célibat à Amsterdam... On fit une assemblée de famille à la maison; ma mère pleura beaucoup, mon père fut d'abord indécis et nous embrassait. A la fin, la succession fut refusée; on eut peur de vendre notre âme, et nous restâmes dans une misère qui grandissait chaque jour. »

On va voir de pauvres sauvages donner aussi l'exemple du devoir religieux dans des circonstances plus vulgaires, mais avec une abnégation non moins méritoire. En 1869, le père Lejacq, missionnaire, était allé visiter et évangéliser plusieurs tribus sauvages dans la Colombie britannique, qui fait partie de l'Amérique du Nord. Arrivé à un fort situé près de la rivière Fraser, il se vit bientôt entouré de sauvages appartenant à trois tribus différentes et qui avaient déjà reçu, l'année précédente, quelques notions du christianisme. La mission commençait à réussir, lorsqu'on annonça que des saumons, dont on était privé depuis longtemps, montaient en grande abondance dans la rivière; mais la pêcherie était à cinq milles du fort. Les chefs vinrent dire au missionnaire : « Voilà le saumon qui monte; il y a dix ans que le saumon manque, et nous avons faim l'hiver. Le saumon, pour nous, c'est comme la moisson pour vous. Veux-tu que nous restions ici avec toi, ou bien veux-tu venir avec nous à la pêcherie? Tu nous parleras, et dans l'intervalle on fera la pêche; mais ce sera comme tu voudras. Nous sommes prêts à laisser de côté le saumon : la parole du bon Dieu avant tout. Nous aimons le saumon, mais nous aimons encore mieux le bon Dieu et le prêtre [1]. » Il va sans dire que le missionnaire se rendit à la pêcherie. Mais quelle leçon donnée par des sauvages à tant de chrétiens qui, dans les pays civilisés, violent leurs devoirs religieux, notamment le dimanche, pour un intérêt pécuniaire !

Des exemples du devoir envers la famille trouveront place dans un autre chapitre. Dans la vie publique on a vu, de nos jours, des fonctionnaires, des magistrats, renoncer volontairement à de hautes positions plutôt que de se prêter à un acte réprouvé par leur conscience. Que de fois, dans l'armée, d'héroïques sacrifices ont été faits au devoir militaire, au devoir patriotique! Le maréchal Fabert, né à Metz, avait déjà prouvé plusieurs fois sa fidélité courageuse à ce devoir, lorsqu'il la manifesta de nouveau dans ces paroles adressées à Louis XIV : « Si, pour empêcher qu'une place que le roi m'a confiée ne tombât au pouvoir de l'ennemi, il fallait mettre à la brèche ma personne, ma famille et tout mon bien, je n'hésiterais pas un moment à le faire. » Ces nobles paroles sont gravées sur le piédestal de la statue de Fabert, à Metz.

Un autre maréchal de France qui, sous le même règne, ne se distingua pas moins par la noblesse de

---

[1] *Annales de la propagation de la foi.* — 1870, p. 455.

son caractère et par sa bravoure, Catinat, donna un grand exemple de fidélité au devoir militaire dans une circonstance où il avait à se plaindre d'une injuste humiliation. Lorsqu'il commandait en Italie l'armée française contre celle du prince Eugène, ses opérations furent entravées par des ordres de la cour; il n'eut pas tout le succès qu'on attendait, et on lui ôta le commandement. Le maréchal de Villeroi, qui n'avait d'autre mérite que la faveur de Louis XIV, fut choisi pour réparer les prétendues fautes de Catinat, et le vainqueur de la Marsaille fut obligé de servir sous lui. Catinat supporta avec une noble fermeté l'injustice qu'on lui faisait.

Le maréchal de Villeroi ordonna d'abord qu'on attaquât le prince Eugène au poste de Chiari. Les officiers généraux jugeaient qu'il était contre toutes les règles de la guerre d'attaquer ce poste, parce qu'il n'avait pas d'importance, qu'on ne gagnerait rien en le prenant, et que d'ailleurs les retranchements en étaient inabordables. Sans tenir compte de ces avis, Villeroi envoya, par un aide de camp, à Catinat l'ordre d'attaquer. Catinat se fit répéter l'ordre trois fois, et se tournant vers les officiers qu'il commandait: « Allons, dit-il, Messieurs, il faut obéir. » On marcha aux retranchements sans pouvoir les emporter, et Catinat fut blessé. Voyant les troupes découragées et ne recevant pas d'ordre de Villeroi, il fit une heureuse retraite, et se rendit à Versailles pour rendre compte au roi de sa conduite sans accuser personne [1].

La biographie d'un général américain nous offre un récent et mémorable exemple du sentiment du devoir.

---

[1] Extrait de la *Petite Morale en action*, par E. L. Frémont.

Robert Lee, l'héritier de Washington, l'illustre commandant en chef des troupes confédérées dans la guerre de Sécession des États-Unis d'Amérique, après avoir été vaincu, voulut mettre ses dernières forces au service de son pays; il consentit à être le directeur du *collège Washington,* qui a compté jusqu'à cinq cents élèves en 1870[1]. « J'ai vu, dit-il, un grand nombre de jeunes gens du Sud tomber sous mon drapeau; je veux employer ma vie à faire de ceux qui restent des hommes de devoir[2]. »

Peu d'hommes sont appelés à remplir leur devoir dans de grandes circonstances, mais tous y sont appelés dans les actes journaliers de leur existence privée ou sociale, de l'emploi ou de la profession qu'ils exercent.

C'est l'auguste exemple qui nous a été donné par Jésus-Christ lui-même. « Quoiqu'il fût, a dit Bourdaloue, le Saint des saints et au-dessus de tous les états, il a borné, sinon sa sainteté, du moins l'exercice de sa sainteté aux devoirs de son état, et la qualité de Dieu qu'il portait ne l'a point empêché de s'accommoder en tout à l'état de l'homme[3]. »

Un vrai disciple du Christ va nous montrer l'intime union du devoir patriotique et du devoir religieux. Dans un combat livré près de Paris pendant la guerre de 1870, un frère des Écoles chrétiennes reçut un

---

[1] Dans ce collège, situé en Virginie, le nom du général Lee est associé maintenant à celui de Washington.
[2] *Un Vaincu, Souvenirs du général Robert Lee,* par Mme B. Boissonnas, p. 7 et 274. — Paris, 1875.
[3] *Sur l'état de vie et le soin de s'y perfectionner.* — Sermon pour le dixième dimanche après la Pentecôte.

éclat d'obus en allant relever nos soldats blessés. Il chancelle, on accourt : « Ce n'est rien, dit-il ; occupez-vous des plus pressés. » Et comme un indiscret lui demandait son nom : « Pourquoi ? fit-il. Je remplis ici un devoir dont je n'attends la récompense que de Dieu[1]. »

Ne faisons pas de distinction, dans la pratique, entre les grands et les petits devoirs. Comme l'a très bien dit un ouvrier poète[2] qui avait et a manifesté dans ses vers le vrai sentiment moral :

Les plus petits devoirs ont leur juste importance.

Cette maxime est d'accord avec une sentence de la sainte Écriture : « Qui méprise les petites choses tombe peu à peu[3]. » Rien n'est méprisable à qui ne considère en toutes choses que la volonté de Dieu. Sans les humbles vertus, les grandes seraient impossibles.

« La religion ne connaît point de petits devoirs, de devoirs indifférents. Elle nous soutient dans la pratique des devoirs obscurs, comme dans celle des devoirs éclatants, parce qu'il y a plus à gagner pour la religion où il y a plus à perdre pour la vanité[4]. »

Cette juste appréciation du devoir par un écrivain sacré trouve un complément dans cette pensée d'un moraliste contemporain dont l'œuvre n'a été publiée et

---

[1] Article de M. Victor Fournel dans le *Correspondant* du 25 février 1874.
[2] Claudius Hébrard. — *Le Coin du feu.*
[3] *Ecclésiastique*, c. xix.
[4] *Méditations du P. Griffet pour tous les jours de l'année.* — Sur l'application aux devoirs de son état.

le mérite divulgué que depuis sa mort[1] : « Tout ce qui devient devoir doit nous devenir cher. Vous ne sauriez croire quelle facilité étonnante on trouve dans les travaux pour lesquels on se sentait d'abord le plus de répugnance quand on s'est bien inculqué dans l'esprit et dans le cœur une pareille pensée ; il n'en est point (mon expérience vous en assure) de plus importante pour le bonheur. »

Un devoir s'impose particulièrement à ceux qui ont dans la famille ou la société une position supérieure, qui sont à même d'exercer autour d'eux une influence quelconque : ce devoir, c'est celui de l'exemple. C'est le plus efficace enseignement, la plus puissante influence. Que signifient les meilleures leçons, les plus admirables déclarations de principes, si elles sont démenties par la conduite ?

Entre camarades, à l'école, au collège, on se doit aussi le bon exemple. Celui qui en donne de mauvais peut avoir à se reprocher les égarements, la perversion même d'un caractère faible, indécis, trop porté à l'imitation. Quelle salutaire influence exercent, au contraire, sur leurs condisciples ceux qui simplement, sans ostentation, s'acquittent bien de tous leurs devoirs, et se concilient tout à la fois estime et affection !

Je me rappelle que, dans la pension où j'ai fait mes études, j'avais deux camarades qui personnifiaient les tendances contraires que je viens d'indiquer. L'un, qui était le plus indocile et le plus paresseux dans la classe où j'étais avec lui, le plus taquin dans les ré-

---

[1] Joubert, lettre à M. de Chênedollé. — 6 avril 1810.

créations, était parvenu à dominer complètement un de nos camarades, faible de complexion et de caractère, et à lui faire partager ses mauvais penchants. Il l'entraîna à commettre avec lui, à la suite de plusieurs punitions restées sans effet, une faute si grave, qu'ils furent tous deux expulsés de la pension. Nous apprîmes plus tard que le père du plus coupable, après avoir épuisé tous les moyens de le ramener à une meilleure conduite, s'était vu dans la triste nécessité de le faire détenir dans une maison de correction, en vertu d'une ordonnance du président du tribunal civil.

Mon autre condisciple, qui s'appelait Eusèbe (nom de baptême que j'aime à me rappeler), s'était fait aimer à la fois de ses maîtres et de ses camarades. Très exact à remplir tous ses devoirs, laborieux, presque toujours le premier ou le second dans les compositions, d'une piété sincère, il était en même temps, comme on dit au collège, bon enfant et bon joueur. Il aidait quelquefois ceux qui ne travaillaient pas aussi facilement que lui à achever leur tâche, pour leur éviter un *pensum*, et, lorsqu'*un grand* abusait de sa force pour tourmenter *un petit*, Eusèbe prenait la défense de celui-ci. Il ne fut puni qu'une fois : c'était pour n'avoir pas voulu dénoncer un de ses camarades placé à côté de lui dans la salle d'étude, qui s'était mis à contrefaire le surveillant pendant qu'il avait le dos tourné, ce qui avait excité une hilarité générale. Plusieurs fois, à la fin de l'année scolaire, le prix d'excellence de la classe, qui s'obtenait par le suffrage des élèves, lui fut unanimement décerné. Eusèbe est devenu depuis un membre éminent de nos assemblées législatives, et le fondateur et principal soutien d'une colonie agricole de pauvres orphelins.

Dieu nous a donné la faculté de distinguer ce qui est bien de ce qui est mal : cette faculté, c'est la conscience, si bien appelée par M. de Lamartine [1] « un écho humain de la justice divine ».

Le devoir et la conscience sont deux idées corrélatives et, pour ainsi dire, inséparables, puisque la conscience nous révèle et nous indique le devoir, et, quand nous y avons manqué, nous inflige le remords. La conscience est le miroir de notre âme, dans lequel se réfléchissent ses taches ou sa pureté.

La conscience est quelquefois troublée, obscurcie, mais sa voix n'est complètement étouffée que chez les êtres assez dégradés pour n'avoir plus aucun sens moral. Dire d'un homme qu'il est *sans conscience*, n'est-ce pas une des plus humiliantes flétrissures qu'on puisse lui infliger ?

« O homme ! a dit saint Augustin [2], la fuite peut te dérober à tout ce que tu voudras, excepté à ta conscience. Rentre dans ton cœur, tu n'y trouveras aucun abri contre les poursuites de ta conscience, contre les remords de ton péché. »

Un des plus sûrs moyens d'éviter ces remords ou de les faire cesser, c'est d'être fidèle à l'examen de conscience qui doit terminer chacune de nos journées. En nous interrogeant ainsi sur l'emploi que nous en avons fait et sur les actes principaux qui les ont remplies, nous trouvons dans l'approbation ou le blâme

---

[1] *Cours familier de littérature.* — 66ᵉ Entretien.
[2] *Discours sur le psaume* xxx.

de notre conscience une lumière et une force pour persévérer dans le bien ou nous relever de nos chutes. Pythagore et ses disciples pratiquaient l'examen de conscience; des chrétiens ne doivent pas être moins soucieux que des philosophes païens d'une habitude toute favorable au progrès moral. Si nous ne goûtons pas toujours la vérité dans la bouche d'un autre, aimons du moins à nous la dire à nous-même.

Trop souvent les avertissements de la conscience ne suffisent pas pour empêcher une déviation du devoir; mais combien est douce et honorable la réparation d'une faute, lorsqu'on obéit à sa conscience en la réparant! Voici un fait qui le prouve et que j'emprunte à un recueil publié par M. l'abbé Mullois.

Peu de temps avant la guerre de Crimée, un jeune sergent-major, qui allait changer de garnison, vint trouver le curé d'Alais et lui dit avec une vive émotion : « Monsieur le curé, je n'ai pas l'honneur d'être connu de vous, et cependant, mettant tout mon espoir dans votre charité de prêtre, je viens tenter auprès de vous une démarche dont le résultat doit avoir une influence décisive sur mon avenir. Je suis sous-officier comptable; à ce titre, je dois justifier demain des fonds qui m'ont été confiés pour ma compagnie, et ma caisse présente un déficit de trente francs. C'est pour obliger un ami que j'ai détourné cette somme, espérant pouvoir la remplacer à temps. Mon espérance a été déçue, et dans quelques heures ma faute sera infailliblement découverte, si vous ne consentez, monsieur le curé, à me prêter les trente francs qui me manquent. J'engage ma parole d'honnête homme à vous les rembourser fidèlement tôt ou tard. Épargnez-moi d'être traduit devant un conseil de guerre; vous me conserverez plus que la vie, l'honneur. »

Le curé, favorablement impressionné par la physionomie loyale du sous-officier, lui répondit : « Je vous prêterai volontiers la somme nécessaire pour sortir de la grave situation où votre imprudence vous a placé, mais vous n'ignorez pas que notre superflu, à nous ministres de la religion, appartient aux pauvres; or, si je vous prête ces dix écus, et qu'ils ne soient pas rendus, ce seront les pauvres qui auront été frustrés par ma faute. » Le sous-officier protesta de nouveau de l'engagement qu'il prenait de rembourser la somme dont il avait besoin, et l'excellent prêtre la lui remit.

Le curé d'Alais avait oublié cette entrevue et le prêt qui en avait été la suite, lorsque en 1855 il reçut une lettre de Crimée, contenant un mandat de trente francs. Le sergent-major, récemment nommé officier sous les murs de Sébastopol, avait voulu acquitter à la fois la dette de son cœur et sa dette d'argent. « C'est à vous, monsieur le curé, écrivait-il, que je dois mon épaulette. Au lieu de l'obtenir, que serait-il advenu de moi si je n'avais un jour rencontré sur ma route un homme de Dieu pour me tendre la main et me sauver l'honneur? »

Pourrais-je mieux résumer ce que commande à la conscience le sentiment du devoir qu'en rappelant cette maxime inscrite par M. l'abbé Deguerry [1] sur une des feuilles de son bréviaire : « Tout sacrifier au devoir, et ne sacrifier le devoir à rien. »

---

[1] Le vénérable curé de la Madeleine, un des martyrs immolés par la Commune de Paris en 1871.

CHAPITRE IV

PROBITÉ — DIVERSES OBLIGATIONS QUI EN DÉCOULENT

Le maçon Offroy. — Le bûcheron et les contrebandiers. — Les trois sauvages kootunais. — Le mendiant de Saint-Martin-de-Beaupréau. — L'ouvrier et le garçon de caisse. — L'honnête servante.

Un des premiers devoirs que nous impose la morale et que nous signale la conscience, c'est d'être probe, c'est-à-dire de respecter scrupuleusement le bien d'autrui, de ne jamais se l'approprier ni directement ni par une voie indirecte, telle que la fraude, la ruse, le mensonge ou l'indélicatesse. C'est la cupidité, l'avarice, l'amour excessif du gain, qui conduisent à l'improbité; quelquefois même, lorsque l'intérêt personnel est en jeu, l'honnêteté du caractère et des intentions s'aveugle sur des actes plus ou moins entachés d'un manquement à la probité.

Tout le monde reconnaît que le marchand qui trompe l'acheteur sur le poids ou la mesure, ou bien qui vend sciemment des denrées ou des boissons falsifiées; que l'entrepreneur qui emploie et fait payer, comme de bonne qualité, des matériaux défectueux; que l'huissier qui porte sur son mémoire des frais que la loi ne lui alloue point ou dont il exagère le taux; que le contrebandier qui enlève au trésor public une de ses recettes légales, commettent des actes contraires à la probité. Mais celui qui se borne à favoriser indirectement la contrebande et à spéculer sur les bénéfices qu'elle lui procure; l'acheteur qui, en profitant d'une erreur, fait subir une perte à un marchand; le voyageur qui dissimule et introduit, sans acquitter les droits de douane, des objets d'une assez grande valeur pour qu'il n'y ait pas de doute sur le caractère frauduleux de cette introduction; le contribuable qui fait une fausse déclaration pour éviter des droits d'enregistrement, ou qui fait entrer dans une ville, sans les déclarer, des choses soumises à une taxe de l'octroi, sont considérés quelquefois comme ne faisant pas un acte blâmable, et s'imaginent trop souvent que, tout en violant les lois de leur pays ou les prescriptions de la bonne foi, ils ne manquent pas à un véritable devoir. Ce sont des erreurs évidemment préjudiciables à un intérêt privé ou à un intérêt public, que réprouve une conscience délicate et éclairée. Faire un bénéfice illégitime aux dépens de son prochain, du trésor public ou d'une caisse municipale, c'est toujours, avec des nuances dans le degré de la faute, porter atteinte au bien d'autrui, et ce qui est légalement dû à la nation ou à une ville n'est pas une dette moins obligatoire pour une probité scrupuleuse que ce qui est dû à un particulier.

Un simple ouvrier et un bûcheron vont nous offrir

deux remarquables exemples de probité dans des circonstances où ils étaient, plus que d'autres, exposés à la méconnaître.

Prudent Offroy, maçon à Lillers (Pas-de-Calais), avait reçu, en 1836, d'un détenu avec lequel il subissait quelques jours d'emprisonnement pour n'avoir pas acquitté une amende, l'indication du dépôt d'une somme de cent quatre-vingt-cinq francs provenant de vol et enfouie dans un champ, sous condition de la partager avec celui qui lui avait fait cette confidence. Offroy, sorti de prison à l'aide d'un emprunt qui lui avait permis de se libérer envers le receveur des amendes, loin de succomber à la tentation de s'approprier, au moins en partie, une somme dont il avait grand besoin, va prendre immédiatement deux témoins, déterre en leur présence les cent quatre-vingt-cinq francs, les porte à la personne à qui ils avaient été volés, et fait ensuite sa déclaration au procureur du roi près le tribunal de Béthune.

En 1860, une pauvre famille composée du père, qui était bûcheron, de sa femme et de trois enfants, occupait une masure à l'extrémité de l'arrondissement de Rocroi, près de la frontière belge. Un chef de contrebandiers vint proposer au bûcheron, en lui promettant une part dans les bénéfices qu'il ferait par ce moyen, d'employer ses enfants, qui pourraient aisément déjouer la surveillance des douaniers, à l'introduction de marchandises prohibées. L'honnête bûcheron repoussa cette proposition, disant qu'il envoyait ses enfants à une école voisine pour les mettre à même d'exercer un jour un meilleur métier que celui de contrebandier. Quelque temps après, la bande dont le chef était venu tenter la probité du bûcheron, se voyant serrée de près par des douaniers au moment où elle introduisait de nuit, sur le territoire français, des paquets de tabac et de poudre de chasse, vint les cacher dans une petite étable dépendant de l'habitation du bûcheron. Les douaniers, étant survenus, l'interrogèrent sur le passage des fraudeurs : il déclara qu'il les avait vus entrer précipitamment dans son étable et en sortir un instant après. Une perquisition y fut faite, amena la saisie d'une grande quantité de poudre et de tabac, et l'administration des douanes, informée de la conduite si probe qu'avait tenue le bûcheron malgré sa misère, lui fit remettre une gratification de cent francs.

Il y a des gens qui s'imaginent que des objets perdus sur la voie publique appartiennent au premier qui les trouve, et que, sans rien tenter pour en découvrir le propriétaire, on ne commet pas une action malhonnête en se les appropriant. Je ne parle pas des objets de nulle ou presque nulle valeur; mais, pour les autres, une probité scrupuleuse exige qu'on recherche celui qui les a perdus si on a pu l'apercevoir ou si, à l'aide de quelques indications, on peut le connaître, ou bien qu'on fasse chez le commissaire de police du quartier, soit le dépôt, soit la déclaration de l'objet trouvé, pour qu'il puisse être reconnu et réclamé par son propriétaire.

A l'appui de ce précepte moral, et entre autres exemples dignes d'imitation, j'en citerai un d'abord qui a été donné par des sauvages indiens et qui pourrait servir de leçon à plus d'un individu parmi les nations civilisées.

Au nombre des tribus sauvages répandues dans les montagnes Rocheuses de l'Amérique du Nord, et qui ont été évangélisées de loin en loin par les missionnaires, se trouve celle des *Kootonais*, dont l'honnêteté fait l'admiration des blancs qui ont des rapports avec eux. Trois jeunes gens appartenant à cette tribu trouvèrent un jour un sac rempli de minerai d'or, et l'apportèrent à leur chef. Celui-ci leur prescrivit de se mettre à la poursuite d'Américains qui avaient campé dans l'endroit la nuit précédente, et de voir si cet or ne leur appartenait pas. Les Indiens ayant rejoint les Américains, et s'étant assurés que le sac d'or leur appartenait, le leur remirent sans vouloir accepter aucune récompense [1].

La France va nous offrir deux autres exemples de pareils actes de probité.

Un jour du mois de juillet 1837, un mendiant de la commune de Saint-Martin-de-Beaupréau (Maine-et-Loire) trouva, sur la route de Jallais, un sac contenant près de mille francs. Une diligence venait de passer : ce brave homme, pensant que le sac pouvait appartenir à un des voyageurs, se mit à courir après la voiture, l'atteignit et s'empressa de rendre la somme d'argent à son propriétaire, qui se trouvait, en effet, dans la diligence.

Le 15 mai 1851 au soir, à Paris, un ouvrier qui venait d'achever sa journée de travail aperçut et ramassa, au coin de la rue de la Chaussée-d'Antin et de la rue Basse-du-Rempart, un petit paquet de papier enveloppé d'une ficelle et qu'à la lueur d'un bec

---

[1] *Annales de la Propagation de la foi*, numéro du 7 septembre 1873.

de gaz il reconnut contenir des billets de banque pour une valeur de deux mille sept cents francs.

Il mit le tout dans sa poche et resta en faction à l'endroit de sa trouvaille. Ce ne fut qu'au bout d'une heure environ que les allures d'un individu venant de la rue Basse-du-Rempart attirèrent son attention : cet homme regardait à terre de tous côtés, paraissant chercher un objet perdu.

Après l'avoir vu passer, toujours cherchant, l'ouvrier le suivit et engagea conversation avec lui. Quand il se fut bien convaincu que c'était lui qui avait perdu les billets de banque, il les lui remit dans la main. L'inconnu, qui était un garçon de caisse, lui sauta au cou et l'embrassa avec effusion de cœur, mais ne put lui faire rien accepter pour sa récompense. « Je n'ai pas voulu être un voleur, dit l'ouvrier; c'est tout naturel, et ça ne mérite pas de récompense. »

Voici encore un fait qui est à ma connaissance personnelle et dans lequel la probité se manifeste sous un autre aspect. Un vieillard assez riche, depuis longtemps retenu dans la chambre par ses infirmités et vivant seul avec une vieille servante qui lui donnait des soins assidus, avait annoncé à une proche parente qu'il lui laisserait et remettrait pour elle à cette servante une somme de dix mille francs. Après la mort du vieillard, sa parente vint réclamer ce don, sans trop savoir si la servante s'en reconnaîtrait débitrice, puisque rien n'avait été constaté par écrit. Quelle fut sa surprise lorsque cette honnête femme lui dit que son maître, dans les derniers jours de sa vie, avait doublé le don qu'il voulait faire à sa parente, et lui remit vingt mille francs au lieu de dix mille qu'elle s'attendait seulement à recevoir ! Quel exemple de probité offert à ceux qui, quelquefois, donnent à un vieillard des soins intéressés et exploitent sa faiblesse ou son isolement pour s'enrichir aux dépens de sa famille !

CHAPITRE V

VÉRITÉ — MENSONGE

Ananie et sa femme. — Les trois catéchistes tonquinois. — M#{me} Élisabeth Fry. — Henri IV. — Le dauphin, père du duc de Bourgogne. — Histoire d'un tricheur. — Saint Jean Népomucène. — Un curé podolien. — Washington à l'âge de six ans. — La duchesse de Montmorency devant le tribunal révolutionnaire.

Dieu étant la vérité même, l'homme s'approche ou s'éloigne de lui selon qu'il est ou non fidèle à la vérité.

Moïse, lorsque le Seigneur lui révéla ses volontés, promulgua ce commandement qui fait suite à ceux du Décalogue : « Vous ne mentirez point, et aucun de vous ne trompera son prochain [1]; » deux préceptes qui ont une intime liaison, car le mensonge est une manière de tromper le prochain. L'Écriture sainte, au début du *livre de la Sagesse* [2], condamne encore le

---

[1] *Lévitique*, c. XIX, v. 11.
[2] C. I, v. 11.

mensonge par cette énergique réprobation: « La bouche qui ment donne la mort à l'âme. » Il est certain que l'habitude du mensonge a souvent des conséquences mortelles pour la moralité, parce qu'elle a pour cause ou pour effet la déloyauté, l'imposture, l'hypocrisie. La véracité est donc, avant tout, un devoir religieux.

Nous en trouvons la preuve dans la mort foudroyante d'Ananie et de sa femme, qui avaient voulu tromper les apôtres à l'aide d'un mensonge [1].

La calomnie est un des plus odieux et des plus redoutables emplois du mensonge. C'est une imputation que l'on sait fausse et qui blesse l'honneur ou la réputation. Elle invente pour nuire, pour satisfaire un ressentiment, et trouve moyen de noircir les vertus les plus pures pour en effacer l'éclat. On ne saurait mieux peindre sa hideuse perversité que ne l'a fait le poète russe Krilof, dans une fable où il imagine une discussion qui s'est élevée aux enfers à l'occasion des préséances, et où la prééminence est accordée au calomniateur sur le serpent et sur les animaux les plus méchants et les plus immondes de la création.

Un célèbre peintre athénien, Apelles, calomnié par Antiphile, se vengea de son ennemi en composant cette allégorie dont la description nous a été transmise par un auteur grec : la *Crédulité*, avec de longues oreilles, est au premier plan du tableau, assise sur un trône; le *Soupçon* et l'*Ignorance* sont à ses côtés. La *Crédulité* tend la main à la *Calomnie*, qui vient à elle le visage enflammé, et secoue une torche en traînant l'*Innocence* par les cheveux. Devant la *Calomnie* marche

---

[1] *Actes des apôtres*, c. v.

l'*Envie* au regard louche, au teint livide, accompagné de la *Fraude* et de l'*Artifice*, dont elle emprunte le secours pour dissimuler sa laideur et sa difformité. Sur un côté, une femme en deuil, dans l'attitude du désespoir, qui symbolise le repentir, tourne ses yeux baignés de larmes vers la *Vérité*, qu'on aperçoit dans le fond, et qui s'avance lentement sur les pas de la *Calomnie*[1].

Le mensonge est une bassesse de l'âme; la sincérité atteste sa grandeur.

« La sincérité! je trouve que les moralistes ne lui assignent pas sa place légitime parmi les vertus : elle devrait être la première, car elle est la condition essentielle de toutes les autres. Aussi l'estime publique ne va-t-elle jamais à ceux chez qui elle ne la voit pas[2]. »

Quelle héroïque adhésion à la vérité, que la profession de foi et la mort de trois jeunes catéchistes tonquinois, nommés Duong, Mi et Truat, qui subirent le martyre le 18 décembre 1838! Un officier qui présidait à leur supplice, frappé de la jeunesse du dernier, lui dit qu'il était bien sot de sacrifier sa vie aux rêveries des chrétiens. « On n'est pas un sot, répondit Truat, lorsqu'en s'immolant pour la vérité on est sûr d'obtenir une éternelle félicité[3]. »

Au point de vue purement naturel, la véracité est aussi un devoir essentiel qu'on peut appeler la pro-

---

[1] *Étude sur la calomnie*, discours prononcé le 4 novembre 1873, à l'audience solennelle de rentrée de la cour d'appel de Nancy, par M. Jules Honorat, substitut du procureur général.

[2] M. Émile Augier, de l'Académie française. — Réponse au discours de M. Émile Ollivier. — Mars 1874.

[3] *Annales de la Propagation de la foi*. — Juillet 1841.

bité du caractère. Elle suppose et révèle la droiture du cœur, presque toujours aussi la rectitude de l'esprit. Comme l'a dit une femme qui a réuni à un haut degré ce double mérite [1], « l'amour de l'homme pour la vérité est un des signes les plus éclatants de sa grandeur morale, car c'est par lui que se manifeste la relation de son être avec ce qui est immortel et incréé. — La puissance supérieure de l'âme ne peut résulter que de son adhésion à la vérité, qui entraîne nécessairement et l'accomplissement du devoir et l'exercice de la vertu. »

Le plus scrupuleux respect de la vérité en toutes choses a été un des traits caractéristiques de la noble vie de Mme Élisabeth Fry, qui s'est dévouée en Angleterre, pendant la première moitié de ce siècle, à beaucoup d'œuvres charitables, notamment à la régénération morale et religieuse des femmes détenues dans les prisons de Newgate à Londres. Elle s'était tracé dès sa jeunesse (en 1798) six règles de conduite, dont l'une était : « Ne jamais manquer le moins du monde à la vérité [2]. »

Un des meilleurs rois qu'ait eus la France, Henri IV, était doué d'une loyauté de caractère qui se reflétait constamment dans son langage. « Mes paroles, disait-il, ne sont point de deux couleurs; ce que j'ai à la bouche, je l'ai au cœur [3]. » Pouvait-on mieux exprimer ce que doit être l'homme véridique?

---

[1] Mme de Chailié, *Essai sur la liberté, l'égalité et la fraternité.* — Introduction et première partie, c. III.

[2] *La Vie d'Élisabeth Fry*, par Mme Creswell, sa fille. — Édition anglaise de 1869, c. II.

[3] *Lettre au parlement de Paris.* — 1595.

Mgr le dauphin, père du duc de Bourgogne, avait l'habitude de venir tous les jours assister pendant quelque temps aux leçons de ses enfants. En entrant dans la salle d'étude, il ne manquait jamais de demander à leur précepteur s'il avait été content d'eux. Un certain jour, ce dernier venait de répondre affirmativement, et pourtant, dans la matinée, il avait eu l'occasion d'adresser un reproche au duc de Bourgogne; mais c'était pour une faute si légère, qu'il jugeait inutile d'en entretenir le père de son élève; peut-être même en avait-il perdu le souvenir. Mais le royal enfant, lui, ne l'avait point oubliée, et se tournant vers son précepteur avec un regard sévère : « Pourquoi, Monsieur, lui dit-il, mentez-vous pour moi, vous qui m'avez dit si souvent qu'il ne faut jamais mentir [1] ? »

Lorsqu'on triche en jouant avec des camarades, on manque à la sincérité et même, il faut le dire, à la probité. En vain chercherait-on une excuse dans le prétexte qu'on a fait seulement une malice ou joué un tour qui ne suppose que plus d'adresse de la part de celui qui y a eu recours. Ce n'en est pas moins une tromperie presque toujours accompagnée d'un mensonge; c'est un moyen frauduleux de se ménager un gain qu'on n'aurait pas obtenu en jouant franc jeu; c'est quelquefois un acheminement au vol, car celui qui n'a pas craint de s'approprier un objet par la ruse se laisse facilement entraîner à s'en procurer par un larcin. Il suffira d'avoir signalé la voie hon-

---

[1] *Notice biographique sur J.-G. du Coëtlosquet, évêque de Limoges, précepteur des enfants de France, par son petit-neveu.*

teuse dans laquelle on s'engage en trichant, pour qu'un caractère loyal et vraiment honnête ne s'abaisse jamais à cette supercherie.

J'ai entendu citer un jeune homme qui avait, dans un collège, l'habitude de tricher, et que ses camarades avaient fini par exclure de tous leurs jeux. Mécontent de se voir traité de la sorte, il s'engagea volontairement, dès que son âge le lui permit, dans un régiment de ligne; mais il s'y trouvait un officier qui était le frère d'un de ses anciens condisciples et qui avait su ainsi le mauvais renom dont il était entaché. Cet officier en prévint les hommes de la compagnie dans laquelle venait d'être enrégimenté l'engagé volontaire, et la première fois que celui-ci proposa une partie de cartes à quelques camarades, on lui répondit qu'on ne jouait pas avec un tricheur. Ainsi rebuté, n'ayant pas d'ailleurs l'esprit militaire, il devint un mauvais soldat et se fit envoyer dans une compagnie de discipline.

L'amour de la vérité doit se concilier avec l'amour du prochain; car il ne faut pas qu'il dégénère en médisance ou qu'une malveillance volontaire y cherche une excuse. Le proverbe vulgaire : « Toute vérité n'est pas bonne à dire, » est parfaitement moral en ce sens que, lorsque le devoir ou la conscience ne nous y oblige pas, nous devons nous abstenir de faire tort à nos semblables en divulguant des faits ou tenant sur eux des propos qui pourraient porter atteinte à leur honneur, à leur considération ou à leurs intérêts.

Quand nous sommes appelés à rendre témoignage devant un tribunal ou dans une enquête légale, nous sommes tenus de dire toute la vérité dans notre déclaration. C'est dans des cas tout à fait exceptionnels que l'avocat, le médecin, sont dispensés de déclarer ce qu'ils ont appris sous le sceau du secret professionnel, et dont la révélation pourrait avoir de fâcheuses conséquences pour celui qui leur a confié ce secret ou pour une autre personne. Ils obéissent alors à un devoir de conscience qui se confond avec celui de la charité.

Pour le prêtre, le secret de la confession est un devoir si absolu, qu'il n'admet aucune exception, que jamais on n'a vu un seul prêtre manquer à ce devoir, et que l'un d'eux y a été fidèle jusqu'au martyre.

Jean Népomucène, ainsi nommé parce qu'il était né dans le village de Népomuck, en Bohême, avait achevé ses études à Prague, où il était devenu docteur en théologie et chanoine de la cathédrale. L'empereur d'Allemagne Venceslas IV, qui avait fixé sa résidence dans cette ville, ayant entendu un Avent prêché devant lui et sa cour, avec un grand succès, par Jean Népomucène, le nomma son aumônier, et l'impératrice Jeanne, fille d'un prince de Bavière, choisit le saint prêtre pour directeur de sa conscience.

Venceslas, livré aux plus honteuses passions et ayant conçu une jalousie insensée contre sa femme, voulut se faire révéler par son aumônier les confessions de l'impératrice, en lui promettant un secret absolu, des honneurs et des richesses. Le prêtre répondit qu'il n'y consentirait jamais, et, par ordre de l'Empereur, fut jeté dans une prison où on l'étendit sur une espèce de chevalet. L'impératrice finit par fléchir Venceslas par ses larmes et ses prières, et obtint l'élargissement de son directeur. Mais, quelques mois après, l'Empereur, en proie à un nouvel accès de jalousie, et apercevant de sa fenêtre Jean Népomucène qui revenait de Bruntzel à Prague, le fit amener devant lui et lui dit brusquement qu'il n'avait qu'à opter entre la mort ou la révélation des confessions de l'impératrice. Le prêtre, regardant le prince d'un air calme et sévère, s'abstint de répondre à sa violente injonction. Venceslas, de plus en plus exaspéré, s'écria : « Qu'on jette cet homme dans la rivière aussitôt que les ténèbres seront assez épaisses pour dérober au peuple la connaissance de l'exécution. » Quelques heures après, le 16 mai 1383, le martyr du secret de la confession fut précipité, pieds et mains liés, dans la Moldaw, de dessus le pont qui joint la grande et la petite ville. En traversant ce pont, les habitants de Prague conservent encore aujourd'hui la pieuse coutume de se découvrir devant le lieu où fut consommé le martyre de Jean Népomucène.

De nos jours un autre prêtre a été aussi un héros du secret de la confession.

Un homme avait commis, il y a quelques années, un assassinat dans la Podolie, province qui a été détachée de la Pologne et réunie à l'empire de Russie. Il se confessa ensuite à un curé catholique, et, en quittant la sacristie où le prêtre l'avait entendu, il y laissa tomber, par mégarde sans doute, un vêtement ensanglanté de sa victime. La police apprit que cette pièce de conviction se trouvait dans la sacristie; elle fut saisie, et le curé arrêté. Comme il ne connaissait l'auteur et les circonstances du crime que sous le sceau du secret de la confession, il ne voulut pas se disculper, fut condamné, dégradé et envoyé aux mines de Sibérie. Dernièrement l'assassin, se trouvant à l'agonie, avoua son crime, et le nouveau Jean Népomucène a été solennellement réintégré dans sa paroisse, grâce à l'esprit de justice du prince Dondoukol, général-gouverneur de Kief[1].

S'il est des circonstances, comme on vient de le voir, où on peut, où on doit même taire la vérité pour ne pas enfreindre un devoir plus impérieux, jamais du moins il n'est permis de la dénaturer par un mensonge volontaire en exprimant sa pensée; c'est une question d'honnêteté morale.

La vie de Georges Washington, qui a été le premier et le plus illustre président des États-Unis de l'Amérique septentrionale, nous offre, dès son enfance, une preuve remarquable de son constant respect pour la vérité. Il avait, à l'âge de six ans, reçu en présent une petite hache avec laquelle il coupait tout ce qui tombait sous sa main. Un jour il enleva toute l'écorce d'un magnifique cerisier anglais; son père, s'étant aperçu le lendemain de ce dégât, demanda avec l'accent de la colère quel en était l'auteur, ajoutant qu'il aimerait mieux avoir perdu cinq guinées que cet arbre; mais personne ne put lui indiquer l'auteur du dégât. Quelques jours après, ayant vu le petit Georges entrer dans le jardin avec sa hache, il eut aussitôt le soupçon qu'il pourrait bien être le coupable, et il lui demanda s'il ne savait pas qui avait dépouillé le cerisier de son écorce. L'enfant, après un instant d'hésitation, répondit : « Je ne puis mentir, mon père; im-

---

[1] Extrait des Annales catholiques, numéro du 20 mars 1879.

possible de ne point vous dire la vérité : c'est moi qui me suis amusé à couper l'arbre avec ma hache. »
A cet aveu si plein de franchise, M. Washington sentit expirer son irritation. « Viens, dit-il en appelant son fils, viens que je te presse dans mes bras; la sincérité avec laquelle tu avoues ta faute compense au centuple la perte de mon cerisier. Je fais plus de cas de ta franchise que de mille cerisiers, fussent-ils chargés des plus beaux fruits [1]. »

Une femme appartenant à une des plus grandes familles de France a poussé jusqu'au sacrifice de sa vie l'horreur du mensonge, et nous a laissé ainsi un sublime exemple du respect de la vérité. En 1793, la duchesse de Montmorency comparaissait, accompagnée de ses deux filles, devant le tribunal révolutionnaire. Parmi les juges se trouvait un ancien régisseur d'un domaine de M. et de Mme de Montmorency ; voulant sauver la duchesse, il lui fit dire que, si elle se présentait sous un autre nom que le sien devant le tribunal, il pourrait, d'accord avec deux de ses collègues, la faire acquitter. « Ma vie, répondit-elle, ne vaut pas un mensonge; » et, ayant déclaré son nom, elle fut condamnée et conduite à l'échafaud.

[1] *Bibliothèque de la jeunesse*, publiée à Munich, t. XXV.

CHAPITRE VI

DEVOIRS DE FAMILLE

Amour filial d'un enfant de neuf ans. — Lettre d'un soldat blessé dans la guerre de Crimée. — Le jeune Clermont. — Les deux frères Kolly. — Histoire de deux orphelins. — Dévouement fraternel du Lyonnais Badjet, d'un ingénieur des ponts et chaussées, du frère d'un commerçant failli.

La famille, mot sacré, pensée pleine de douceur... Mais pourquoi ce mot est-il trop souvent profané? Pourquoi cette pensée devient-elle quelquefois si amère?... Parce que les devoirs de la famille ont été violés.

On se plaint avec raison de ce qu'ils le sont de plus en plus dans les classes populaires; mais ne le sont-ils pas aussi dans les classes plus élevées, qui devraient surtout en offrir le modèle? On se plaint de ce que la société est bien malade; mais n'est-ce pas, en grande partie, parce que le mal a d'abord envahi la famille, image et base de la société? Que la famille redevienne le lien le plus intime des cœurs et des esprits, le centre des joies légitimes, le sanctuaire des vertus privées, et, en s'appuyant sur la religion, elle sera le principe générateur des vertus civiques.

De tous nos devoirs envers le prochain les premiers sont ceux de la famille ; car, dans l'ordre des affections comme par le sang, qu'avons-nous de plus proche qu'un père et une mère, nos enfants, un frère ou une sœur? Aussi la loi divine a-t-elle proclamé, dans le Décalogue, et sanctionné le principal devoir de la famille, en attachant dès ici-bas une récompense au respect que doivent les enfants à leur père et à leur mère. Ce respect leur est dû constamment à tout âge, lors même qu'il y aurait à regretter en eux quelques défauts de caractère ou quelques faiblesses, et le devoir filial ne serait qu'imparfaitement accompli si le respect n'était pas accompagné d'affection et de dévouement. Quelle reconnaissance ne devons-nous pas aux auteurs de nos jours pour tous les soins qu'ils ont pris de nous depuis notre naissance!

Ce que j'ai dit de la vénération due par les enfants à leur père et à leur mère s'applique aussi à leurs aïeux.

La Bible et l'antiquité profane nous présentent de nombreux et célèbres exemples de piété filiale, dont le jeune Tobie et Antigone sont des types accomplis. Mais, fidèle à ma pensée première, je demanderai plutôt un enseignement pratique à des exemples plus récents et qui ont eu moins d'éclat.

Pendant l'hiver de 1787, un enfant âgé de neuf ans, fils d'un forgeron nommé Thiesing, qui habitait la petite ville de Diepholz en Westphalie, ayant eu la jambe fracassée par un traîneau, fut transporté chez ses parents. On eut l'imprudence d'en avertir sa mère, qui était atteinte d'une grave maladie; elle voulut s'assurer elle-même de l'état de l'enfant, sauta de son lit et perdit connaissance. Pendant la douloureuse opération qu'il eut à subir, le petit patient resta calme et immobile, en comprimant seulement sa tête avec ses mains sans donner le moindre signe de souffrance. Le chirurgien, étonné d'un courage si extraordinaire, lui demanda s'il n'éprouvait pas de bien grandes douleurs. « Les douleurs ne manquent pas, répondit-il à voix basse, mais je les dévore, afin que ma bonne mère n'en devienne pas encore plus malade. » Longues furent les souffrances du pauvre enfant, mais il les supporta toujours avec une fermeté inébranlable. Enfin sa guérison arriva, et le médecin fit connaître à sa mère les souffrances extrêmes qu'il avait endurées si patiemment par tendresse pour elle, ce qui lui causa une si douce émotion, qu'elle recouvra la santé beaucoup plus tôt qu'on n'eût osé l'espérer [1].

Un soldat, qui venait d'être blessé dans la guerre de Crimée et d'être décoré pour un beau fait d'armes, écrivit de Sébastopol à ses parents une lettre dont voici un extrait:

« Mon bon père et ma bonne mère,

« Le plus beau jour qu'un soldat puisse trouver dans la carrière des armes est arrivé pour moi: hier, mon colonel m'a attaché la croix d'honneur sur la poitrine. Jamais, je crois, mon cœur n'avait battu

---

[1] *Catéchisme historique*, etc., traduit de l'allemand sur la septième édition, par M. l'abbé P. Bélet, t. II, p. 222.

avec plus de force... Mon bon père, tu seras content, n'est-ce pas? Et toi, ma mère, cela fera sécher tes larmes. J'avais demandé cela à Dieu; car il me le fallait pour pouvoir vous rendre heureux dans vos vieux jours; s'il me conserve la vie, vous recevrez, à partir d'aujourd'hui, deux cent cinquante francs par an, montant du traitement de ma croix, et il me restera ma solde entière pour faire face à mes besoins... Je vous envoie mon ruban; vous le partagerez en trois, un bout pour vous, un pour ma sœur, et l'autre pour mon oncle, comme chef de la famille [1]. »

J'emprunte à un autre bon recueil d'anecdotes le récit d'un acte de piété filiale encore plus méritoire et qui a provoqué un généreux témoignage d'amitié.

Un jeune homme nommé Clermont, né à Colmar (Alsace), avait été obligé de quitter un pensionnat où il était sur le point de terminer ses classes, parce que la mort d'un oncle, son protecteur, ne lui permettait plus de continuer le cours de ses études. Rentré dans la maison paternelle, il eut la douleur de trouver sa mère, qui était délaissée par son mari, dans une complète misère; n'ayant pas d'autre moyen de la secourir, il s'engagea et lui donna le prix de son engagement. Après avoir fait une campagne il obtint un congé, revint dans son pays, et ayant revu quelques-uns de ses anciens camarades de pension, qui semblaient le blâmer de s'être engagé au lieu d'être resté auprès de sa mère, il leur apprit le motif de son engagement. Ceux-ci en furent attendris jusqu'aux larmes, et, sur la proposition de l'un d'eux,

---

[1] *Nouveau Recueil de traits, d'exemples, etc.*, par M. l'abbé Mullois.

ils convinrent de donner toutes leurs épargnes et de recourir à la libéralité de leurs parents pour faire exonérer Clermont du service militaire. Sans qu'il en sût rien, ils le firent remplacer dès qu'ils eurent réuni la somme nécessaire pour sa libération, et, l'ayant invité à dîner avec eux, ils lui présentèrent, à la fin du repas, son congé définitif, en lui annonçant qu'il pouvait désormais ne plus quitter sa mère [1].

Voici maintenant un touchant exemple d'amour filial donné, dans les plus douloureuses circonstances, par deux enfants dont l'aîné était à peine adolescent.

Au mois de mai 1793, Mme Kolly, mère de deux jeunes garçons, dont l'un avait dix ans et l'autre trois, attendait, dans la prison de la Petite-Force, où elle était détenue à Paris, l'exécution seulement ajournée d'une condamnation à mort prononcée contre elle par le tribunal révolutionnaire. Dans un bâtiment contigu étaient incarcérés des hommes, et parmi eux l'aîné des fils de Mme Kolly, qui n'avait été autorisée à garder avec elle que le plus jeune, qu'on appelait *Lolo*. Un mur séparait les deux prisons, et la seule voie de communication qui fût ouverte aux détenus était un égout placé dans la cour, où les hommes allaient, pendant le jour, respirer un peu d'air. C'est ainsi qu'un prisonnier a été témoin et a fait plus tard le récit des faits que je reproduis.

Dans cette cour, tous les matins et tous les soirs, l'aîné des enfants Kolly s'agenouillait devant l'égout, et, la bouche collée au trou, échangeait les sentiments de son cœur contre ceux de sa mère; et, à

---

[1] *Histoires édifiantes et anecdotes intéressantes*, par M. l'abbé Baudrand.

l'autre extrémité de l'égout, son petit frère Lolo venait lui dire : « Maman a moins pleuré cette nuit. — Maman a un peu reposé. — Maman te souhaite le bonjour. — C'est Lolo qui t'aime bien, qui te dit cela [1]. » Ainsi se confondaient l'amour fraternel et l'amour filial pour donner à la malheureuse mère une suprême consolation.

L'enfant, après avoir reçu de ses parents la vie physique, doit aussi recevoir d'eux ce qu'on a appelé la seconde vie, la vie intellectuelle, morale et religieuse. C'est le grand devoir qu'ont à remplir le père et la mère, indépendamment des soins vigilants que réclame le jeune âge de leurs enfants. Ceux-ci doivent être pourvus d'une instruction solide et qui les mette à même de s'ouvrir une carrière ou d'exercer une profession utile. Mais, ce qui importe plus encore, c'est l'éducation du cœur et du caractère, et, dans les temps difficiles où nous vivons, il faut, pour qu'elle soit efficace, que cette éducation soit forte, de nature à inspirer des convictions généreuses et des sentiments élevés, soumise à une direction ferme et affectueuse tout à la fois, préservée des habitudes molles et oisives, de la petitesse d'esprit, des dissipations frivoles, et que le père et la mère de famille au moins ne contredisent pas, par leurs exemples, les règles de conduite inculquées à leurs enfants.

Il va sans dire que les devoirs réciproques du mari et de la femme, la fidélité, l'assistance dans tous les besoins de la vie, le dévouement et les égards affectueux, font partie des devoirs de la famille.

---

[1] *Mémoires sur les prisons de Paris, etc.*, par M. Dauban, tome II, page 246.

Quoi de plus contraire à ces devoirs que la fréquentation des cabarets, des cafés, des brasseries, où se perdent tant d'heures et d'argent enlevés à la famille ! Dans les villes, quoi de plus dangereux pour la moralité, de plus funeste pour l'exemple, que ces cercles et ces clubs où on ne se borne pas à la lecture des journaux et des revues, à la causerie, aux distractions honnêtes, mais où une grande partie des jours et des nuits est consacrée au jeu, à la table, aux dissipations de toute sorte, et qu'on a trop justement appelés *les cabarets du riche !* Combien de jeunes gens y ont perdu leur patrimoine, leur honneur et leur santé ! Combien de pères de famille y ont perdu leur fortune et ont réduit leur femme et leurs enfants à la misère !

Si vous voulez, chers lecteurs, remplir utilement et noblement votre vie, conserver l'estime de vous-mêmes, mériter la considération publique, contribuer à la régénération de la France, prenez la résolution de fuir ces occasions de désordre et de ruine, ces lieux où se contractent les habitudes malsaines et les liaisons corruptrices, où les caractères s'énervent quand ils ne s'y dépravent pas complètement, et vous trouverez dans les pures jouissances de la famille et de l'amitié d'amples compensations à ces passe-temps immoraux.

Le culte de la famille se conserve encore, grâce à Dieu, dans bien des cœurs, et je pourrais citer de nombreux exemples des vertus et des bienfaits qui en découlent : en voici quelques-uns.

J'ai particulièrement connu deux jeunes orphelins adoptés, à Paris, par une société de bienfaisance qui a mis l'un en apprentissage chez un fabricant d'ornements pour meubles, et l'autre, déjà pourvu d'un commencement d'instruction classique, dans un pensionnat d'abord, puis dans un lycée où, par son excellente conduite et ses succès dans ses études, il a obtenu une bourse gratuite.

Le premier, devenu ouvrier habile, s'est ensuite, à l'aide d'épargnes faites sur son salaire, établi pour son compte, et a pris dans son atelier de pauvres orphelins que lui a confiés la société dont le patronage avait assuré son sort. Ayant épousé une jeune fille aussi honnête et laborieuse que lui, il a eu d'elle plusieurs enfants qu'il a élevés chrétiennement et avec le plus grand soin, et dont l'un a remporté un premier prix dans un concours entre les élèves de plusieurs écoles municipales. A force de travail et d'économie, il a pu acheter dans la banlieue de Paris une modeste maison et un jardin, où sa femme et lui allaient, les dimanches et jours de fête, se reposer des labeurs de la semaine et faire goûter à leurs enfants de saines distractions. Ceux-ci ont appris de leur père à pratiquer les devoirs de la famille et y ont trouvé, comme lui, un support dans les épreuves passagères que leur ont fait subir des crises industrielles.

L'autre orphelin avait encore sa mère, mais dénuée de toutes ressources. Admis un des premiers, par la voie du concours, à l'école normale de Paris, il en est sorti pour occuper une chaire de professeur dans un lycée. Il a recueilli sa mère dans sa demeure, et, par les soins les plus délicats, lui a rendu douces ses dernières années. Un mariage honorable lui a donné plusieurs fils, dont il a dirigé lui-même avec succès l'instruction élémentaire et classique, et qui justifient aussi le soin qu'il a pris de former leur caractère par une éducation chrétienne. Sa piété filiale a trouvé sa récompense dans celle de ses enfants et dans le bonheur conjugal. La mère, par son dévouement à tous ses devoirs, s'est montrée à la hauteur du père, et cette famille pourrait être appelée une famille modèle.

Les liens si intimes qui unissent, dans la famille, les frères et les sœurs, leur imposent aussi des devoirs réciproques, devoirs d'affection, de concorde, de désintéressement, d'aide et de soutien dans les diverses phases de la vie, de tendre protection, de la part des aînés, à l'égard des plus jeunes, et de cordiale déférence, de la part de ceux-ci, envers leurs aînés. Que les sordides calculs de l'égoïsme, que les dissensions nées des intérêts pécuniaires, ne viennent jamais briser ou détendre des liens si sacrés ! C'est par l'union que se maintiennent les familles, qu'elles deviennent prospères ou en état de résister aux coups du sort, et que leur honneur, fondé sur l'accomplissement du devoir, se transmet intact à la génération suivante.

L'histoire de la ville de Lyon, à l'époque de *la Terreur*, nous offre un héroïque exemple de l'amour fraternel. Lorsque après un siège de quelques mois cette ville eut été prise d'assaut par l'armée républicaine, un Lyonnais nommé Badjet, qui s'était particulièrement distingué pendant le siège, fut mis en accusation devant le tribunal révolutionnaire; mais on ne le trouva pas dans sa demeure quand on y vint pour l'arrêter, et les agents de la force publique, qui ne le connaissaient pas, prirent pour lui son frère et le conduisirent devant les juges, qui le condamnèrent à mort. Une seule parole eût suffi pour le sauver; mais il n'eut garde de dissiper la méprise qui lui laissait l'espoir de sauver la vie de son frère, et il monta sur l'échafaud, victime volontaire du dévouement fraternel [1].

Je connais une famille composée, outre le père et la mère, d'un frère et de deux sœurs. Le premier, devenu, par ses travaux scientifiques et sa capacité, ingénieur des ponts et chaussées, et se trouvant, disait-il, suffisamment riche par le traitement alloué à ses fonctions, a voulu absolument que sa part dans la fortune de son père et de sa mère fût d'avance attribuée à ses sœurs pour compléter leur dot et faciliter leur mariage. Elles ont, en effet, grâce à la générosité fraternelle, contracté des unions honorables et qui ont été bénies par Dieu.

J'emprunte à l'excellent recueil des *Petites Lectures* le récit d'un acte admirable d'affection fraternelle, accompli avec autant de simplicité que de délicatesse, et qui atteste aussi un profond sentiment de l'honneur de la famille.

En 1803, un commerçant se rendait chez un riche propriétaire, M. X***, qui habitait à plus de cent lieues de lui. Son extérieur était modeste, et comme personne ne le connaissait, ce ne fut pas sans une longue attente qu'il put se faire admettre chez celui qu'il venait voir.

« Monsieur, lui dit-il en l'abordant, vous ne me connaissez pas personnellement; mais vous avez fait

[1] *Recueil d'exemples* (en allemand), par Herbst.

des affaires avec mon frère, M. V***. Il a fait des pertes, a été mis en faillite, et il est resté votre débiteur de six mille francs. »

M. X*** avait beau chercher dans sa mémoire, il ne se rappelait rien. Enfin, aidé par les détails que lui donnait son interlocuteur, il se souvint que plus de vingt ans auparavant il avait fait une avance à la personne dont on lui citait le nom, et que cette avance n'avait jamais été remboursée. Considérant sa créance comme tout à fait perdue, il n'y avait plus songé.

« Mais, dit-il à son visiteur, vous n'étiez pas associé à monsieur votre frère; vous n'aviez ni signé ni répondu pour lui; vous ne me devez donc rien. — C'est vrai, répondit le commerçant; je ne vous dois rien aux yeux de la loi, mais mon frère a failli, il vit encore, il a des enfants que j'élève, et je veux le réhabiliter. J'ai travaillé longtemps avant de parvenir à payer ses créanciers, et je n'ai pu le faire que petit à petit. Enfin, me trouvant en mesure de vous payer, je suis venu vous apporter l'argent dont mon frère était débiteur envers vous. »

L'authenticité de cette noble action a été garantie par les *Petites Lectures,* qui n'ont pas voulu en désigner l'auteur pour ne pas blesser sa modestie. « Trop souvent, ajoutent-elles, des fils ne se font pas le moindre souci de payer les dettes de leurs parents, lorsque la loi ne les y oblige pas. Trop souvent, en faisant ses comptes avec les autres, on n'examine que la légalité, et non pas la conscience, ni surtout la délicatesse. Par suite, la moralité s'altère chez les individus; on ne se fait plus scrupule du bien mal acquis et surtout mal gardé. »

CHAPITRE VII

AMOUR DU PROCHAIN — BIENFAISANCE — GÉNÉROSITÉ

Une ouvrière lyonnaise. — Eugénie Demange. — L'adjudant Martinel. — L'ex-sous-officier Coignoral. — Le percepteur Jacob. — Le brigadier Clamart. — Trois orphelins adoptés par un atelier d'ouvriers serruriers. — Les camarades du mécanicien Germain. — Les deux sœurs Berthier. — Le lieutenant-colonel de Saint-Blaise. — Trait de charité de Montesquieu. — Mme Malibran. — Mgr de Villeneuve, évêque de Montpellier. — Le pape Pie IX. — Mgr Sibour, évêque de Digne. — Un bienfaiteur anonyme des Petites-Sœurs des pauvres. — La petite Angéline B. — Le sauveteur Jacques Fosse. — La servante d'Alexandrie. — Concurrence d'un lycée et d'une institution libre. — Deux épiciers champenois. — Le duc de la Rochefoucauld-Doudeauville. — Respect du dauphin, père de Louis XVI, pour la propriété d'un paysan. — La duchesse de Berry. — Le maréchal Fabert. — Saint François de Sales. — L'archevêque Christophe de Beaumont. — Réponse de Louis XVII au cordonnier Simon. — Un ouvrier ébéniste marseillais. — Un riche égoïste et son testament.

De la croyance à un Créateur suprême et de nos devoirs envers lui découle le devoir d'aimer notre prochain. Créatures d'un même Dieu, nous sommes tous frères, et cette fraternité ne doit pas être un vain mot, comme elle l'a été trop souvent dans de fastueuses inscriptions gravées sur nos monuments publics et démenties par ceux qui les y avaient placées. C'est dans nos cœurs que doit être gravé ce sentiment de fraternité que la religion appelle l'amour du prochain. Ce n'est pas seulement par nos paroles, c'est aussi et surtout par nos actes qu'il doit se manifester, pour peu que nous obéissions aux commandements les plus exprès de la loi divine.

Elle avait dit dans l'Ancien Testament : « Aimez votre prochain, et qu'il y ait une fidèle union entre vous et lui. » — « Prenez garde de ne jamais faire à un autre ce que vous seriez fâché qu'on vous fît [1]. »

En confirmant ces préceptes, le Nouveau Testament leur a donné plus de force et d'extension par ces grands enseignements du Christ : « Faites aux hommes tout ce que vous voulez qu'ils vous fassent. » — « Vous aimerez le Seigneur votre Dieu de tout votre cœur, de toute votre âme et de tout votre esprit; c'est là le premier commandement. Et voici le second qui lui est semblable : Vous aimerez votre prochain comme vous-même [2]. »

Ainsi se confondent, assimilés par Celui qui est la Vérité même, l'amour de Dieu et l'amour du prochain. Manquer au second de ces devoirs, c'est manquer au premier; sans la charité, point de piété véritable, et il ne suffit pas de s'abstenir de faire du mal à nos semblables, il faut leur faire tout le bien que nous serions heureux d'en recevoir. Voici des faits qui prouvent combien on doit aimer le prochain et

---

[1] *Ecclésiastique*, c. xvii, v. 18. — *Tobie*, c. iv, v. 10.
[2] *Saint Matthieu*, c. vii, v. 12; c. xxii, v. 37, 38, 39.

comme on sait le faire, même dans de modestes situations.

En 1836, à Lyon, des *bons* de pain provenant d'une souscription furent apportés à une ouvrière en soie, mère de quatre enfants et dont le mari était malade. Elle en accepta un; mais, ayant obtenu du crédit chez son boulanger, elle demanda que les autres *bons* qui lui étaient destinés fussent remis à une de ses voisines, mère aussi d'une nombreuse famille et manquant de pain depuis plusieurs jours.

Une ouvrière de Nancy s'est élevée plus haut encore en consacrant sa vie à des actes continus de dévouement charitable. A l'âge de vingt ans, Eugénie Demange était entrée comme dentellière chez Mlle Rustaut, alors âgée de soixante-huit ans, qui avait des ressources suffisantes dans le produit de son travail et une rente viagère de trois cents francs. Mais déjà sa vue commençait à s'affaiblir, et cet état s'aggrava rapidement. Depuis quatorze ans, Mlle Rustaut ne peut plus travailler; aujourd'hui elle est arrivée, complètement aveugle, à l'âge de quatre-vingt-douze ans. Habituée à une certaine aisance, d'un caractère fier, elle n'aurait pu supporter la situation malheureuse à laquelle elle était réduite, si Eugénie Demange n'avait réussi à persuader à sa maîtresse que l'aisance régnait toujours dans le ménage, et à lui continuer le bien-être dont elle avait joui jusque-là. Il lui a fallu pour cela travailler jour et nuit, afin de pouvoir suffire à l'entretien d'une femme nonagénaire devenue très exigeante.

Eugénie Demange rend également service à d'autres malheureux; pendant plusieurs années, elle est allée faire le ménage de deux pauvres demoiselles infirmes. Elle conduit à tous les offices du dimanche une vieille dame aveugle, veuve d'un ancien militaire et presque sans ressources. Cette vie de dévouement désintéressé dure depuis quatorze ans [1].

En 1837, l'Académie française a décerné le premier prix de vertu, pour de nombreux actes de courageux dévouement, à M. Martinel, adjudant au 1er régiment de cuirassiers. Il a immédiatement employé ce prix à libérer du service un soldat de son régiment qui était marié et n'avait pas le moyen de se procurer un remplaçant.

M. Coignerai, fabricant de meubles à Rennes, était, en 1867, sous-officier dans l'armée d'Afrique, lorsque, pendant une expédition, il arracha à la famine un jeune Arabe avec lequel il partagea sa ration. Il l'a ramené en France, l'a élevé, l'a fait instruire dans la religion catholique et lui a assuré une profession. Il a de plus fondé à Rennes une société de patronage pour assister et récompenser les ouvriers honnêtes [2].

M. Jacob (Gustave Léon) avait embrassé la carrière militaire à quinze ans et demi; à vingt-deux ans, il était lieutenant et chevalier de la Légion d'honneur. Un an après, et par suite de blessures reçues devant Sébastopol, on l'amputait de la cuisse. Rentré en France, il fut nommé percepteur à Gazebrouck. Lorsque éclata la guerre de 1870, il reprit du service

---

[1] Extrait du discours prononcé par M. Honoré Arnoul à la séance publique de la *Société nationale d'encouragement au bien*, le 23 mai 1875.

[2] Compte rendu de la séance d'inauguration de la *Société des hospitaliers-sauveteurs bretons*, qui a eu lieu à Rennes le 17 mai 1874.

malgré son amputation, et fut nommé lieutenant-colonel sous les ordres du général Faidherbe. La guerre terminée, il rentra dans ses fonctions précédentes et obtint la perception de Beaune.

Sa vie civile offre des actions plus méritoires encore que sa vie militaire, et c'est surtout à sa charité, rehaussée par une délicatesse vraiment évangélique, que nous rendons hommage en révélant quelques-unes de ses belles actions.

Un contribuable était tombé dans la misère; M. Jacob paye lui-même ses contributions, et, pour éviter ses remerciements, lui dit qu'il n'est pas imposé. — Il apprend qu'une pauvre et honnête fille est dans le dénuement le plus complet, et pendant une année il lui fait donner le nécessaire par le boulanger et le boucher, sans qu'elle sût d'où lui venaient ces secours. — Un père de sept enfants, indigent et malade, était réduit à abandonner sa famille pour entrer à l'hôpital; pendant trois mois, M. Jacob lui fournit tous les médicaments dont il a besoin et lui donne ses soins personnels, se disant mandataire d'un inconnu [1].

En 1850, un brigadier de gendarmerie nommé Clamart, en résidence à Bozonville (ancien département de la Moselle), avait été chargé d'arrêter et de conduire en prison un pauvre homme nommé Gérard, qui n'avait pas pu acquitter des frais auxquels il avait été condamné pour un délit forestier. Ému de pitié en voyant la douleur et le dénuement de Gérard, le brigadier de gendarmerie paya de ses deniers le mon-

---

[1] Extrait du rapport sur les récompenses décernées par la *Société nationale d'encouragement au bien* à sa séance publique du 15 juin 1879.

tant de la condamnation et rendit ce malheureux à la liberté.

Un ouvrier serrurier qui s'appelait aussi Gérard, honnête père de famille, demeurant à Paris, rue de Charonne, y mourut en 1851, laissant trois enfants en bas âge qui avaient déjà perdu leur mère. Les camarades d'atelier de ce brave homme, au nombre d'une vingtaine, adoptèrent immédiatement les trois orphelins, au profit desquels ils firent chaque semaine une retenue sur leur paye. Les ouvriers célibataires demandèrent eux-mêmes à contribuer pour une plus forte somme que leurs camarades mariés. Le patron s'associa spontanément à cette bonne œuvre, et prit en outre pour chacun des enfants, et à leur nom, un livret de cinquante francs de la caisse d'épargne dont les intérêts ont dû se capitaliser jusqu'à leur majorité.

La classe ouvrière va nous offrir encore un noble exemple de bienfaisance, rehaussé par une rare délicatesse de sentiments.

Un ouvrier mécanicien, nommé François Germain, demeurait, en 1849, rue du Faubourg-Saint-Denis à Paris, lorsque après trois semaines de maladie, se sentant près de sa fin, il fit appeler un de ses camarades pour lui recommander de vendre après sa mort le peu qu'il possédait, et d'envoyer le produit de cette vente à sa mère âgée et infirme, qui résidait à Valenciennes. Le moribond ne put retenir quelques larmes en songeant à la misère dans laquelle sa mère allait tomber lorsqu'il ne serait plus là pour l'assister. Son camarade lui promit que les amis de l'atelier auraient soin de la vieille femme, et Germain mourut plus tranquille le lendemain. Quatre de ses camarades s'entendirent pour tenir la promesse faite; ils envoyèrent chaque mois à la mère de Germain la même somme d'argent qu'elle recevait de lui, et, convaincus que la nouvelle de la mort de son fils pouvait lui être funeste, ils résolurent de ne pas la lui annoncer et de lui laisser croire que les secours qu'elle continuait de recevoir provenaient de Germain. Ils ont tenu leur bonne action dans le plus grand secret, et ce n'est que deux ans plus tard, à la mort de la mère de leur ancien camarade, qu'on a su ce qu'ils avaient fait pour elle.

Il existait à Metz, lorsque cette noble cité, surnommée *la bienfaisante*, faisait partie de la France, une maison où étaient reçues et élevées de pauvres orphelines, et qui était connue sous le nom d'établissement de Saint-Joseph. Le 10 février 1853, dans une réunion générale des dames qui soutenaient cette œuvre, un rapport du directeur fit connaître ce qu'avait inspiré l'amour du prochain à deux sœurs, filles d'un militaire et orphelines, qui se nommaient Agnès et Catherine Berthier. Elles vivaient dans l'isolement, n'ayant d'autres ressources que leur travail, et, d'un commun accord, s'étaient promis de ne vivre que pour Dieu et d'autres orphelines. Elles mirent tant d'ardeur dans l'exercice de leur petite industrie et tant d'économie dans leurs dépenses, elles s'imposèrent tant de privations et de sacrifices de tout genre, qu'elles parvinrent à réaliser à leur mort un vœu qui avait été toute la préoccupation de leur existence. Elles avaient légué le produit de leur travail et de leurs épargnes, s'élevant à dix mille francs, à l'établissement de Saint-Joseph, pour y fonder deux lits destinés à de pauvres jeunes filles privées de leurs père et mère.

Metz peut revendiquer aussi, pour son renom charitable, ce beau trait de bienfaisance scrupuleuse.

M. de Saint-Blaise, lieutenant-colonel d'artillerie en retraite, se trouvait un jour, en 1835, à la cathédrale de Metz, où se prononçait un sermon de charité. Il fut frappé d'entendre le prédicateur développer cette vérité que le superflu des riches appartient aux pauvres. En rentrant chez lui, il dit à sa femme : « J'ai fait un vol aux pauvres, car j'ai un sac de cinq cents francs qui sont pour moi tout à fait superflus; ils ne m'appartiennent pas, on vient de me le faire comprendre : tenez, les voici. Ayez l'obligeance de les porter bien vite aux bonnes sœurs de la Charité, pour qu'elles les distribuent tout de suite aux familles les plus malheureuses[1]. »

J'ai cité un touchant exemple de délicatesse dans un acte de bienfaisance accompli par quatre ouvriers mécaniciens. En voici d'autres qui prouvent que cette charité délicate s'exerce aussi dans des situations plus élevées.

Dans l'hiver de 1747 à 1748, la Guyenne, qui avait manqué de grains cette année-là, ne pouvait s'approvisionner par mer à cause de la guerre. Le 7 décembre, Montesquieu, étant à la Brède, apprend que ses vassaux sont menacés de la famine, dans sa terre près d'Aiguillon, à cinquante lieues de chez lui. Aussi-

---

[1] *Souvenirs et Exemples*, par Mgr Chalandon, archevêque d'Aix. — 12e édition, p. 183.

tôt il monte en chaise de poste, et le voilà à son château. Il convoque d'urgence les curés de quatre villages. « Je vous prie, leur dit-il, de m'aider à procurer quelque soulagement à vos paroissiens. Vous connaissez ceux qui manquent de blé ou d'argent pour en acheter. Je veux que tout ce qui est dans mes magasins leur soit distribué gratuitement : mon intendant délivrera les quantités que vous fixerez, à fur et à mesure que tous les besoins vous seront connus. Il ne faut pas qu'on manque du nécessaire chez moi quand j'y ai du superflu. Vous m'obligerez de seconder promptement mes intentions et de m'en garder le secret. »

Montesquieu partit sur l'heure, ne voulant pas même diner à son château, afin de se dérober aux remerciements de ses vassaux et de leurs curés. On a su par un ami qui l'avait accompagné dans ce voyage, que l'intendant distribua plus de deux cents boisseaux de froment, et le boisseau valait au marché 32 francs. Ce don pouvait être évalué à 40,000 livres. Afin de prévenir le retour d'un pareil malheur, Montesquieu établit dans ses domaines des greniers de charité [1].

Mme Malibran, qui a été non seulement une grande cantatrice, mais aussi une femme très estimable et pleine de cœur, avait appris qu'un pauvre choriste italien attaché, en 1836, au Théâtre-Royal de Londres, et qui avait perdu sa voix, avait besoin d'un secours pour pouvoir retourner dans son pays. Elle lui donna cinq pièces d'or d'une valeur totale de cent vingt-

---

[1] Louis Vian, *Montesquieu. — Sa Vie et ses ouvrages.*

cinq francs en ajoutant que son passage était payé jusqu'à Livourne, et de là jusqu'à la ville qu'habitait sa famille. A cette nouvelle, le pauvre Italien s'écria : « Ah! Madame, vous m'avez sauvé pour toujours. — Non reprit-elle en souriant, il n'appartient qu'à Dieu de faire cela. N'en parlez à personne[1]. »

Un prélat français, qui avait déjà donné dans le siècle dernier l'exemple des vertus de Mgr de Cheverus, va nous montrer aussi comment il comprenait et pratiquait la charité chrétienne. Mgr de Villeneuve, évêque de Montpellier, avait reçu dans son palais un protestant qu'un revers de fortune avait entièrement ruiné et qui lui fit le tableau de son extrême détresse. L'évêque appela son valet de chambre et lui dit de prendre dans son secrétaire et de lui apporter un rouleau de vingt-cinq louis. Le valet de chambre crut devoir lui dire avant d'obéir : « Monseigneur, c'est un protestant. — Et quand ce serait un Turc, reprit vivement le prélat, ne suffit-il pas qu'il soit malheureux ? » Les vingt-cinq louis furent remis au protestant, qui retrouva, grâce à ce bienfait, d'honorables moyens d'existence.

Un enseignement non moins évangélique nous a été donné par le pape Pie IX. Un jour qu'il sortait de Rome pendant l'été de 1847, il vit un pauvre vieillard étendu sans connaissance dans une rue de la ville. Il fit aussitôt arrêter sa voiture, et comme il s'informait de l'état de cet homme, quelqu'un lui répondit : « Ce n'est qu'un Juif. » Blessé de la dureté de cette réponse, le saint-père descendit de voiture,

---

[1] *Bon et utile*, par Mlle Corny-le-Dreuille.

aida de ses propres mains le malheureux Israélite à y monter, le reconduisit à sa demeure, fit appeler un médecin et prit des mesures pour qu'on donnât au malade tous les soins que réclamait sa situation [1].

Je citerai encore un trait de bienfaisance exceptionnelle qui faisait pressentir ce que Mgr Sibour, alors évêque de Digne, serait un jour sur le siège archiépiscopal de Paris, où il est mort si glorieusement, martyr de sa charité.

C'était en décembre 1842. Il était allé passer la soirée à la préfecture de Digne et rentra, vers onze heures, au palais épiscopal. Son secrétaire vint lui dire qu'une jeune personne s'était présentée deux fois dans la soirée; elle paraissait si émue, que, la seconde fois, sur ses vives instances pour parler à l'évêque, le secrétaire avait pris sur lui de la faire attendre dans une salle voisine.

Mgr Sibour se rend auprès de la visiteuse et reconnaît la fille d'un des commerçants notables de la ville. Elle se jette à ses pieds en pleurant : il la fait relever, lui parle avec bonté, l'encourage. La jeune fille lui raconte alors que deux pertes inattendues ont frappé son père, qu'il a de forts payements à faire pour le lendemain et est dans l'impossibilité d'y parer. Il se voit déshonoré, et il est tellement désespéré, que sa femme et sa fille ont dû le surveiller parce qu'il avait l'intention de se suicider. La jeune fille ajoute qu'elle est venue trouver Monseigneur comme seul capable de détourner son père de cette fatale résolution.

L'évêque ordonne qu'on ne dételle pas ses chevaux,

---

[1] *Gazette de Salzbourg.* — 24 septembre 1847.

fait monter la jeune personne dans sa voiture, et se rend avec elle chez son père. Celui-ci, questionné, nie tout d'abord; mais bientôt il avoue qu'il lui est impossible de survivre à son déshonneur. Cependant les exhortations du prélat l'émeuvent tellement, qu'il finit par prendre l'engagement formel de souffrir avec courage. Mgr Sibour, le voyant ainsi résigné, lui demande quelle somme il lui manque. « Vingt-cinq mille francs, répond le commerçant. — Eh bien, reprenez courage; ces vingt-cinq mille francs, je vous les procurerai. »

On peut se figurer la joie de la famille désolée et les bénédictions dont elle accompagna le charitable prélat. Mgr Sibour ne mit à ce bienfait qu'une condition, c'est que le négociant garderait le silence le plus absolu. « Vous comprenez, dit-il avec une délicatesse infinie, que si vous parliez de cela, votre crédit en souffrirait[1]. »

C'est aussi sous l'inspiration du mystère de la charité que s'est produit l'admirable acte de bienfaisance dont j'emprunte le récit à M. Delarc[2].

Le 22 novembre 1853, une troisième maison des Petites-Sœurs des pauvres s'était ouverte, à Paris, rue des Postes, et fut transférée plus tard rue de Picpus, près de la barrière du Trône; elle abrite près de deux cents vieillards. Sœurs et pensionnaires étaient alors entassés dans un ancien bâtiment trop étroit, fort mal distribué pour la destination imprévue qu'on lui avait donnée.

---

[1] *Nouveau Recueil de traits, d'exemples*, etc., par M. l'abbé Mullois.
[2] V. *le Correspondant* du 10 octobre 1877.

M. Delarc, étant retourné rue de Picpus en 1877, n'en croyait pas ses yeux, lorsqu'il se trouva en face d'une remarquable façade, avant-corps d'un établissement aux larges fenêtres, aux corridors spacieux, le tout convergeant vers une belle chapelle.

« Qui donc vous a fait ce magnifique cadeau? » dis-je à la sœur portière. « Nous n'en savons rien, répondit la sœur; un inconnu ayant remarqué combien notre ancienne maison était petite, a acheté un grand terrain contigu au nôtre, a fait ensuite bâtir un immeuble de cinq à six cent mille francs et nous a donné le tout, ne nous demandant que deux choses, de respecter son anonyme et de nous souvenir de lui devant Dieu. »

Je ne saurais proposer à la généreuse émulation de mes jeunes lecteurs un plus touchant exemple de charité discrète que celui d'une petite fille âgée seulement de six ans. C'était en 1853. Un matin, par un froid des plus rigoureux, Angéline B*** se rendait à sa pension, accompagnée de sa bonne. A la porte, l'enfant aperçoit une petite mendiante ayant à peu près son âge, misérablement vêtue, les pieds nus et mal protégés par de mauvais sabots. Angéline s'avance. « Pourquoi, lui dit-elle, sortez-vous ainsi à peine couverte? Si votre maman le savait, elle vous punirait; rentrez vite vous habiller et mettez des bas. — Mais, Mademoiselle, des bas, je ne peux pas en mettre, je n'en ai point. — Eh bien, dit Angéline, demandez-en à votre maman. — Maman n'en a pas; il n'y a ni feu ni pain chez nous. — Est-ce vrai, ma bonne? reprit Angéline. — Dame, c'est possible; cela se voit tous les jours. »

Angéline, tout émue, s'assit sur les marches de la porte, défit ses chaussures et donna ses bas en rabattant son pantalon pour dissimuler cette lacune dans sa toilette. Puis, malgré les remontrances de sa bonne, le déjeuner, renfermé dans un panier, fut aussi donné à la petite mendiante avec invitation de se trouver là chaque matin.

La bonne raconta tout à la famille, mais on lui recommanda le secret. Les bas furent remplacés sans mot dire, et chaque matin, comme Angéline déclarait qu'elle avait grand'faim au déjeuner, on doublait la ration ordinaire.

Pendant plus de dix-huit mois, la protégée d'Angéline reçut ainsi la meilleure part du déjeuner de la charitable petite fille, qui avait soin de n'arriver à la porte de la pension que le plus tard possible pour n'être vue de personne. Ce touchant manège ne cessa qu'avec le départ de la famille d'Angéline, qui changea de résidence [1].

Que de fois le dévouement s'inspire de l'amour du prochain pour sauver, dans nos incendies, non seulement ceux qu'enveloppent déjà les flammes, mais même de simples objets mobiliers qui constituent leur principale ressource ! On a vu aussi des hommes, sous l'inspiration du même sentiment, s'exposer aux p'us grands périls pour sauver des animaux. « Un jour, à Beaucaire, des saltimbanques baignaient dans le Rhône un ours, leur gagne-pain. L'animal leur échappe, et on le voit descendre le courant, satisfait d'avoir reconquis sa liberté et paraissant fort goûter

---

[1] *Les Annales du bien*, par M. J. Delvincourt, p. 74. — 1853.

la fraîcheur de l'eau. Les saltimbanques se désespèrent. Jacques Fosse (c'est le nom du sauveteur) se jette à la poursuite de l'ours, et plonge pour saisir la chaîne qui traîne au fond de l'eau; chaque fois qu'il reparaît, l'ours abat sur lui sa griffe énorme. Le sauveteur fut grièvement blessé, mais l'ours fut reconquis [1]. »

J'emprunte encore à M. Nadault de Buffon cet émouvant récit d'une fraternité de dévouement reconnue par deux ennemis sur un champ de bataille.

Pendant la guerre de 1870, la sanglante bataille de Gravelotte, près de Metz, venait de se livrer dans la plaine de Rezonville, et la nuit seule avait mis fin à la lutte. Un grand silence, parfois interrompu par des plaintes et des gémissements, avait succédé aux retentissants éclats des canons et de la mitraille. Des morts, se soutenant les uns les autres et rangés en file, étaient restés debout. Quelques lumières circulaient dans la plaine : lanternes de maraudeurs pillant les morts, lanternes d'ambulanciers relevant et soignant les blessés, ou d'aumôniers les aidant à bien mourir.

Sous un monceau de cadavres, deux êtres s'agitaient, cherchant à se dégager de l'étreinte des morts. Ils s'avancent l'un vers l'autre sans se voir; soudain ils se trouvent face à face: c'est un marin français et un soldat allemand. Leur premier mouvement est de chercher leurs armes; ces mutilés allaient recommencer la lutte. Mais un rayon de lune, perçant soudain les nuages, fait briller sur leurs poitrines une

---

[1] Extrait d'une conférence faite à Nantes, le 10 avril 1875, par M. Nadault de Buffon, président de la *Société des hospitaliers-sauveteurs bretons*.

médaille française de sauvetage : le marin l'avait reçue pour avoir coopéré au périlleux sauvetage d'un navire allemand dans la Baltique; le soldat allemand, pour avoir, à Berlin, sauvé la vie à un français qu'entraînait un cheval emporté. Cette exclamation : *Mon frère!* s'échappe des lèvres du français; l'allemand lui tend la main. Ils s'assoient côte à côte et se parlent à voix basse. Au milieu de tous ces morts, ils maudissent les princes qui mettent les peuples aux prises, et, se sentant mourir, ils se prennent la main et se donnent une suprême et fraternelle accolade [1].

Montrons encore la charité admirablement pratiquée par une simple servante.

L'abbé Belloni, originaire du diocèse de Nice, désireux de donner, en Palestine, un asile et des moyens d'éducation à de pauvres enfants privés de leur père ou de leur mère, avait loué, en 1863, une maison à Bethléhem pour y établir un orphelinat; mais il ne savait ni quand ni comment on pourrait y entrer, et n'avait aucune avance pour pourvoir aux besoins journaliers. Sur ces entrefaites arrive une lettre d'Égypte : elle mettait huit cents francs à la disposition de l'œuvre. Cette somme était le don d'une pauvre servante d'Alexandrie, qui avait entendu parler de l'orphelinat de Bethléhem et était heureuse de lui consacrer les économies de toute sa vie. Grâce à la générosité de cette servante, l'orphelinat, fondé d'abord dans une chambre occupée par cinq pauvres enfants, put être transporté à Bethléhem, où il a pris de grands développements.

[1] Extrait des *Annales du bien*. (N° de novembre 1882.)

Deux lâches et honteuses passions, la jalousie et l'envie, sont exclusives de l'amour du prochain, qui, bien loin d'envier la fortune ou les autres avantages que possède le prochain, lui souhaite ceux qu'il n'a pas.

On peut sans doute être jaloux sans être précisément envieux, c'est-à-dire n'éprouver qu'un violent déplaisir et une amère souffrance de ce que d'autres ont de plus ou de mieux que nous, sans aller jusqu'à souhaiter de l'obtenir à leur détriment, ou du moins de les en voir dépouillés. Mais bien faible est la nuance qui sépare ces deux mauvais penchants, et l'âme qui se laisse aller à la jalousie est très près d'en venir à la convoitise du bien ou de la supériorité d'autrui. L'envieux rougirait de lui-même s'il comprenait tout ce qu'il y a de vrai dans ce mot d'une femme d'esprit[1] : « Envier quelqu'un, c'est s'avouer son inférieur. »

Une propension trop commune de nos jours, un faux sentiment d'égalité qui tend à niveler ou abaisser toutes les situations sociales, n'est, au fond, qu'un sentiment d'envie. Des hommes qui se trouvent au bas de l'échelle sociale voudraient en faire descendre ceux placés au-dessus d'eux, moins pour être tous au même rang que pour monter aux échelons supérieurs et y occuper les places qui excitent leur envie. Mais l'égalité des positions sociales, des biens ou des salaires, est aussi impossible que l'égalité des mérites, des intelligences et des capacités. Pour tout homme honnête et sensé, l'égalité devant Dieu et devant la loi est la seule compatible avec les réalités de la vie

---

[1] Mlle de Lespinasse.

comme avec la morale. Elle permet à chacun de recueillir sans entraves le fruit de son travail, et de s'élever dans la sphère de son activité à une meilleure condition.

Ce sont la jalousie et l'envie qui engendrent les rivalités haineuses et les concurrences déloyales.

Il y a une rivalité légitime et même louable, celle qui ne résulte que de l'émulation, lutte courtoise, dans laquelle on se dispute, par des moyens honnêtes, le prix d'efforts et d'un mérite personnels. Les rivalités blâmables et que désavoue la probité sont celles qui ont leur source dans la malveillance, la cupidité, le désir de nuire à son prochain et de s'enrichir ou de réussir autrement à ses dépens, par tous les moyens bons ou mauvais. Deux faits, qui ne remontent qu'à quelques années, vont mettre en relief le contraste des concurrences loyales et de celles qui ne le sont pas.

Je connais une ville où les enfants auxquels leurs parents voulaient donner une instruction classique ne pouvaient la recevoir que dans un lycée. On s'y occupait peu de leur éducation morale, qui y courait souvent de grands risques, et les études supérieures y étaient seules sur un bon pied, grâce au choix et au mérite des professeurs chargés de cet enseignement. Une institution libre fut fondée dans cette ville par des ecclésiastiques, et dirigée par eux, de manière à offrir aux familles toutes les garanties d'une consciencieuse surveillance et à donner aux élèves tout à la fois une instruction complète et une éducation vraiment chrétienne. On ne manqua pas de dire que cette concurrence nuirait aux deux établissements et ferait tomber l'un ou l'autre : ce fut le contraire qui arriva. Un nouveau proviseur mis à la tête du lycée apporta tous ses soins et réussit à améliorer sensiblement l'éducation morale et religieuse; les études, dans les classes inférieures, furent relevées par de bons professeurs, et le nombre des élèves, loin de diminuer, s'accrut en même temps que l'autre collège voyait chaque année s'augmenter le nombre des siens. Les ecclésiastiques qui le dirigeaient furent les premiers à reconnaître que la nécessité de lutter avec succès contre l'enseignement du lycée leur était profitable, en stimulant leurs efforts pour élever et maintenir à la même hauteur celui de leur établissement. Il y eut, en définitive, non pas une rivalité jalouse, mais une émulation dans le bien entre les deux collèges, qui durent à cette émulation leur mutuelle prospérité.

Je pourrais citer des exemples analogues dans le commerce et l'industrie, où des concurrences autorisées par l'honneur et la bonne foi ont souvent profité à l'intérêt non seulement des consommateurs, mais aussi des négociants ou des producteurs, qui ont puisé dans la lutte une nouvelle énergie et un nouveau développement de leurs affaires, dû à une meilleure direction ou à des perfectionnements; mais c'est surtout dans cette classe de la société que le désir effréné du gain suscite quelquefois des concurrences déloyales, et c'est elle qui va nous en offrir un exemple.

Dans un bourg de la campagne, un épicier s'était fait par sa probité, son intelligence et son économie dans les frais généraux de son commerce, une nombreuse clientèle et une petite fortune. Témoin et envieux de cette prospérité, un garçon qu'il employait depuis deux ans saisit un prétexte pour le quitter, se fit prêter quelques milliers de francs par des parents auxquels il promit une part dans les bénéfices qu'il comptait réaliser, et vint s'établir comme épicier dans le voisinage de son ancien maître. Pour attirer la clientèle de celui-ci, il abaissa d'abord ses prix en faisant des sacrifices hors de toute proportion avec le taux de ses achats; puis, quand il a t réussi par ce moyen à bien achalander son magasin, il substitua, sans modifier ses prix, des épiceries d'une qualité fort inférieure à celle des denrées qu'il avait mises en vente au début de son commerce. Cependant l'autre épicier, tout en maintenant ses prix habituels, avait redoublé de soins pour que la qualité de ses marchandises ne laissât rien à désirer. On ne tarda pas à s'apercevoir qu'on était dupe de l'abaissement des prix de son concurrent, et celui-ci, voyant de plus en plus diminuer sa clientèle, hors d'état de remplir des engagements onéreux, tomba en faillite, fit perdre à ses créanciers la presque totalité de ce qu'il leur devait, et disparut honteusement du pays où il avait tenté de s'enrichir par des moyens déshonnêtes et la ruine de celui dont il avait envié la prospérité.

Si l'amour du prochain repousse tout sentiment jaloux à l'égard de ceux mieux partagés que nous dans la répartition des biens de ce monde, il nous défend aussi de dédaigner ou traiter avec hauteur ceux qui sont dans des conditions de naissance, de rang ou de fortune inférieures à la nôtre. Rien n'excite plus l'envie que les inimitiés; rien n'est plus en désaccord avec la fraternité chrétienne que cette morgue qui dérive d'un orgueil insensé. Lorsque, au contraire, ceux qui occupent des positions supérieures dans la société comprennent et pratiquent la bienveillance affable qu'ils doivent à leurs semblables moins favorisés par le sort, ils n'ont pas de peine à se concilier leur sympathie, ou au moins leurs égards.

J'ai connu, dans ma jeunesse, un membre de la haute noblesse de France, le duc de la Rochefoucauld-Doudeauville, qui était un modèle accompli de la simplicité dans la grandeur, de l'urbanité la plus constante à l'égard de tous. Voici le portrait qu'en a tracé mon père sous ce rapport, dans une notice lue, en 1841, à la séance annuelle et publique de la *Société d'encouragement pour l'industrie nationale,* dont M. de Doudeauville avait été pendant vingt-quatre ans le vice-président. « Assidu à nos solennités, il semblait les orner par le charme naturel de son aménité et de son exquise politesse, en accroître la dignité par l'élévation de son caractère. Vous le voyez encore, notre bon duc de Doudeauville, à cette place à laquelle le rappelèrent tant de fois vos suffrages; vous lisez sur ses traits, dans ses regards, l'expression de la plus douce bienveillance dont il était animé... Vous vous rappelez cette vertu si sincère et si pure, que, par un rare privilège, elle a réuni les suffrages les plus unanimes, et que l'envie elle-même s'est trouvée désarmée en sa présence. Personne jamais n'eut à se plaindre de lui; personne jamais ne s'en approcha sans être touché de son inépuisable bonté... Sa longue carrière s'est écoulée comme une de ces journées sereines qui répandent la fécondité sans être obscurcies par aucun nuage, que le ciel accorde comme un bienfait à la terre. »

On ne se fait pas scrupule quelquefois de causer un léger dommage à la propriété d'autrui, par exemple en lui dérobant quelques fruits à la portée de la main, ou en foulant aux pieds sa récolte encore enracinée ; c'est lui causer cependant un préjudice dont le peu d'importance ne suffit pas pour l'excuser aux yeux de la morale. Un prince que j'ai déjà cité, le dauphin, père de Louis XVI, nous offre un exemple du scrupuleux respect que l'on doit au bien du prochain. Un jour qu'il chassait avec le roi dans les environs de Compiègne, son cocher voulut traverser une pièce de terre dont la moisson n'était pas encore enlevée. Le prince, s'en étant aperçu, lui cria de rentrer dans le chemin. Le cocher lui fit observer qu'il n'arriverait pas à temps au rendez-vous de chasse. « Soit, répliqua le dauphin ; j'aimerais mieux manquer dix rendez-vous que d'occasionner pour cinq sous de dommage dans le champ d'un paysan [1]. »

L'amour du prochain nous fait un devoir de supporter ses défauts et ses imperfections avec l'indulgence dont nous avons tant besoin pour nous-mêmes. Il faut savoir tolérer avec égalité d'âme ceux dont le caractère ou l'esprit ne s'accorde pas avec le nôtre, ceux même qui nous paraissent penser ou agir de travers, mais qui sont de bonne foi. C'est d'ailleurs une des conditions essentielles, trop souvent méconnues, de la vie sociale, qui exige, pour qu'elle ne soit pas profondément troublée, des égards réciproques, le respect de toutes les convictions sincères, le soin d'éviter tout ce qui pourrait fomenter les discordes et les ressentiments.

[1] *Anecdotes chrétiennes*, par l'abbé Reyre, 3ᵉ édition, t. I, p. 317.

La bonté et la douceur sont des formes, des nuances de la charité chrétienne. « On ne sait pas assez, a dit Fénelon, combien il y a de gloire à être bon. » Un auteur contemporain s'est inspiré de cette pensée en disant : « La bonté, humble mot, grande chose ! »

Le vénéré frère Philippe, supérieur général des frères de l'institut des Écoles chrétiennes, avait bien caractérisé la douceur dans une lettre adressée à ses dignes collaborateurs, en qualifiant cette vertu : « la forme extérieure de la charité et de la bonté. »

Comme le prochain embrasse tous les hommes sans exception, c'est sur l'amour du prochain que reposent les préceptes évangéliques du pardon des injures et de l'amour de nos ennemis, préceptes qui s'appliquent aux individus dans leurs rapports privés, mais non aux nations outragées ou envahies par une autre, et qui puisent dans ces faits violents leur droit à une réparation. D'ailleurs, le précepte de l'amour de nos ennemis ne nous oblige pas à leur donner les témoignages de sympathie qu'on accorde à des amis, et nous astreint seulement à les traiter comme nos semblables en général et à leur venir en aide quand ils en ont absolument besoin.

Voici un trait, peu connu, de la vie de la duchesse de Berry, qui témoigne à la fois de sa bonté et de son peu d'amour-propre.

Dans un voyage qu'elle fit en Provence, la duchesse y fut admirablement accueillie. Un jour elle entendit sur son passage une femme pauvrement vêtue qui disait en la regardant : « Elle n'est pas jolie. — Donnez-lui cette bourse, dit aussitôt la duchesse de Berry à une dame de sa suite, pour que du moins elle me trouve bonne¹. »

Au point de vue purement naturel, la vertu qui nous porte à pardonner à ceux dont nous avons à nous plaindre et même à nos ennemis, c'est la générosité, c'est la grandeur d'âme. Quoi de plus digne, en effet, d'un noble cœur, que de ne pas se venger lorsqu'on le peut, ou d'épargner un ennemi dont le sort est entre nos mains ?

Le maréchal Fabert, si renommé pour sa bravoure qu'on a dit de lui que, pour le faire courir au danger, il suffisait de le lui faire connaître, ne se distinguait pas moins par la noblesse et la générosité du caractère. Dans une guerre contre l'empire d'Allemagne, dont l'armée avait envahi la Lorraine, Fabert, en poussant une reconnaissance du côté de Moyenvic, surprit le camp des Impériaux, qu'il trouva rempli de morts et de blessés. On l'engagea à faire achever ceux-ci, dont la plupart avaient massacré des Français dans la retraite de Mayence ; il s'y refusa. « C'est un conseil de barbares, dit-il ; cherchons une vengeance plus noble et plus digne de notre nation. » Et il fit transporter à Mézières ces blessés, qu'il ne voulut traiter que comme des prisonniers de guerre²

Je trouve dans la vie de saint François de Sales un admirable exemple du pardon des injures.

Un avocat savoisien lui avait juré une haine implacable, sans que personne en sût le motif, et ne manquait jamais, partout où il le rencontrait, de l'acca-

---

¹ Mᵐᵉ la vicomtesse de Janzé. — *Berryer, Souvenirs intimes.*
² *Notice sur le maréchal Fabert.* — Mémoires de l'Académie de Metz

bler d'injures. Dans une de ces rencontres, l'évêque s'approcha de lui, le prit par la main et lui dit avec douceur : « Vous êtes mon ennemi, je le sais ; mais soyez assuré que lors même que vous m'arracheriez un œil, je ne cesserais point de vous regarder de l'autre avec bienveillance. » Ce procédé si touchant ne fit aucune impression sur cet homme endurci ; car, dans la suite, il en vint même à tirer un coup de pistolet sur l'évêque ; mais il le manqua et atteignit un prêtre qui l'accompagnait. Jeté en prison et condamné à mort, l'avocat trouva dans le prélat qu'il avait si indignement traité son plus zélé défenseur. François de Sales obtint du roi la grâce du condamné, et alla lui-même lui porter dans sa prison l'écrit qui la contenait.

Des presses clandestines avaient lancé, en 1752, contre Christophe de Beaumont, archevêque de Paris, un ouvrage rempli d'imputations grossières. L'auteur, recherché par la police, venait d'être, à l'insu de l'archevêque, enfermé à la Bastille. Instruit de la cause de cette détention méritée, le prélat écrit à M. d'Argenson, le priant d'ordonner l'élargissement du captif. Refus du ministre : instances réitérées du prélat. Sorti enfin de prison, l'homme gracié se rend au palais épiscopal pour remercier son libérateur. « Mon ami, lui dit Mʳ de Beaumont avec une expression d'ineffable bonté, vous aurais-je fait quelque peine ou quelque tort, et avez-vous sujet d'en vouloir à celui qui vous parle? — Non, Monseigneur ; je n'avais pas l'honneur de vous connaître, et voici la première fois que j'ai l'honneur de vous voir. — Pourquoi donc ce libelle contre ma personne? — Ah ! Monseigneur, c'était pour vivre, car sans cela je mourais de faim. — Eh ! que ne veniez-vous plus tôt m'exposer votre détresse et vos besoins ? » Lui remettant alors une aumône de dix louis : « Allez, mon ami, et comptez que je ne vous oublierai pas. »

Christophe de Beaumont se souvint, en effet, du malheureux qui l'avait calomnié ; il fournit largement à sa subsistance et plus tard à celle de sa veuve, tant qu'ils vécurent [1].

Un jour le cordonnier Simon, dont on avait fait l'indigne gardien et précepteur de Louis XVII dans la prison du Temple, lui dit : « Capet, si les royalistes te délivraient, que ferais-tu ? — Je vous pardonnerais, » répondit le jeune prince [2].

Voici, dans une sphère moins élevée, un autre et noble exemple du pardon des injures.

Un ouvrier ébéniste qui travaillait en chambre à Marseille et s'était fait, par sa probité, son exactitude et son habileté, une petite clientèle, fut péniblement surpris de voir quelques-unes de ses pratiques le quitter pour donner la préférence à un autre ébéniste du voisinage. Il finit par découvrir que celui-ci, pour lui enlever ses pratiques, était allé les trouver en tenant de mauvais propos sur le compte de son confrère et en promettant de livrer des meubles à meilleur marché (ce qui lui était facile, parce qu'il employait des bois d'une qualité inférieure). Un an s'était à peine écoulé, lorsque l'indigne concurrent, atteint

---

[1] V. une note de l'Oraison funèbre de Christophe de Beaumont, prononcée, le 20 décembre 1782, en présence de l'assemblée générale du clergé.

[2] Nougarot. — Beaux Traits de la Révolution française.

d'une maladie chronique, fut obligé de garder le lit, de cesser tout travail, et, n'ayant pas fait d'économies, se trouva réduit au plus complet dénuement. Ému de pitié, l'honnête ouvrier à qui il avait fait tort vint le voir, lui offrit son pardon en échange d'une rétractation par écrit des propos mensongers tenus sur son compte, et, l'ayant obtenue, revint le visiter et lui remettre chaque semaine un secours en argent. Cette généreuse assistance dura plusieurs mois, jusqu'à la mort du malade, qui expira en implorant une dernière fois le pardon de son bienfaiteur.

Le vice qui met surtout obstacle à nos devoirs envers le prochain, qui étouffe les sentiments de bienfaisance et de générosité, c'est l'égoïsme, que j'ai déjà signalé [1] comme un poison corrupteur des âmes et des sociétés. Il est la perversion de l'amour de soi, parfaitement légitime et approuvé par la morale et la religion, lorsque, contenu dans les bornes tracées par elles, il ne tend qu'à assurer à l'homme son véritable bonheur ici-bas et au delà de cette vie. Mais s'aimer au point de tout rapporter à soi et de ne vivre que pour soi, de se préférer toujours aux autres, de ne voir que d'un œil sec ou indifférent les misères qu'on peut soulager, de sacrifier l'intérêt public à son intérêt personnel, de faire consister dans les satisfactions matérielles toute la destinée humaine, c'est l'abrutissement du cœur et de l'esprit, c'est un coupable oubli de nos devoirs envers Dieu, nos semblables et la patrie. Que mes jeunes lecteurs prennent donc la résolution virile, s'ils veulent être de bons

[1] Chapitre III.

chrétiens et de bons Français, de combattre constamment l'égoïsme comme un ennemi mortel.

Qu'ils se prémunissent aussi contre un défaut qui en dérive et fait souvent le malheur de ceux qui en sont atteints, l'amour-propre, dont les susceptibilités aveuglent et affligent même des âmes généreuses, aigrissent les relations les plus amicales, éloignent la confiance, repoussent les meilleurs conseils et s'attirent au moins le ridicule.

Il y a peu d'années encore, un homme qui devait, non pas à son travail, mais à celui de son père, une belle fortune, n'en usait que pour ses jouissances personnelles, parce qu'ayant été élevé sans principes religieux, il ne vivait que pour lui. Il n'avait pas voulu se marier, prétendant que la vraie sagesse demandait une tranquillité de cœur et d'esprit incompatible avec femme et enfants. Il passait l'hiver à Paris et la belle saison dans une maison de campagne; mais, lorsque des dames lui adressaient à Paris une demande pour une œuvre de charité, il répondait que toutes ses aumônes étaient réservées pour les pauvres de son village; et là, quand le curé le sollicitait pour quelques vieillards ou orphelins dénués de toutes ressources, il lui remettait de mauvaise grâce, et après une exclamation sur les abus de la mendicité, une pièce de cinq francs, en s'excusant de ne pouvoir donner plus, parce qu'il avait beaucoup de misères à soulager à Paris, et qu'il avait déjà dépassé la somme invariablement fixée dans son budget pour les actes de bienfaisance. Quant à ses dépenses de table et de plaisirs, elles n'étaient pas limitées, et quelquefois elles s'élevaient à une centaine de francs pour une seule journée.

L'invasion prussienne, à la fin de la fatale année 1870, s'était étendue à des communes voisines de celle où était située sa maison de campagne, et où il était venu se réfugier avant le siège de Paris. Il donna le premier le honteux exemple, qui fut suivi par quelques autres égoïstes et mauvais citoyens du pays, de cacher au fond d'une cave et de refuser à des soldats français qui traversaient, accablés de fatigue et de faim, le village où était située sa maison, des vivres et du vin qu'il réservait à l'ennemi pour en être épargné; il prétendait avoir épuisé ses provisions. Plus tard, quand fut organisée dans toute la France la souscription nationale pour la libération du territoire, il ne voulut pas y contribuer, sous le prétexte qu'un impôt général sur toutes les fortunes était préférable à des dons volontaires, et qu'il attendait, pour prouver son patriotisme, le vote de cet impôt.

Il mourut subitement d'une indigestion en 1872, laissant un testament par lequel, au détriment d'un neveu et d'une nièce, ses plus proches parents, il disposait de la fortune très amoindrie qui lui restait pour la fondation d'une société de célibataires qui se réuniraient chaque mois dans un banquet, où un toast devait être porté à la mémoire du fondateur.

Une simple pierre, contenant son nom et les mentions ordinaires de naissance et de décès, avait été placée sur sa tombe par les soins de son exécuteur testamentaire; quelques jours après, on trouva sur cette pierre l'inscription suivante gravée avec la pointe d'un couteau : *Ci-gît un homme qui n'a vécu que pour lui.* C'était l'œuvre sans doute de quelqu'un qui avait eu à s'en plaindre ; elle exprimait l'opinion de tous ceux qui l'avaient connu.

On me dira peut-être : Il y a peu de gens qui poussent l'égoïsme jusqu'à ce point. Je répondrai que j'en ai rencontré dont le cœur était encore plus endurci, et qu'il n'y en a que trop dont on pourrait reconnaître, au moins en partie, les traits épars dans ce triste tableau.

CHAPITRE VIII

DÉVOUEMENT — ABNÉGATION DE SOI-MÊME — DÉSINTÉRESSEMENT

Courageux dévouement de M. Bouilly. — L'aïeule octogénaire. — Le 66ᵉ régiment de ligne à Ancône pendant le choléra. — L'abbé Coulomb. — Le fondeur Morvillez. — Un ouvrier couvreur. — Le sergent Goguey. — Les époux Trinez, cordonniers. — Les deux sœurs de Ribbo. — Mˡˡᵉ Bouchoux. — La servante Marguerite Hers. — Une sœur de Saint-Vincent-de-Paul. — La sœur Simplice. — Refus d'une récompense par un courageux ouvrier. — Conté. — Le général Caffarelli du Falga. — M. de Champagny, enseigne de vaisseau. — M. Émile Marlton. — Un garde forestier. — Désintéressement du général Lee. — Le jeune Julien Antoine. — Les élèves du séminaire de Verrières. — Un sauveteur de dix ans. — Les frères des Écoles chrétiennes pendant le siège de Paris. — Auguste Juster.

Le dévouement, l'abnégation de soi-même et le désintéressement sont des vertus qui ont des liens si intimes, qu'on les trouve presque toujours réunies dans les nobles caractères. Le dévouement suppose nécessairement l'abnégation de soi-même, parce qu'on s'oublie ou s'immole en se dévouant, et l'abnégation de soi-même est inséparable aussi du désintéressement, qui est un sacrifice de l'intérêt personnel. Ces trois vertus sont la plus haute expression de l'amour du prochain et de la générosité.

Sans doute il faut triompher des penchants égoïstes de la nature humaine pour s'oublier soi-même en se dévouant à d'autres; mais c'est ce qui constitue le mérite du dévouement, sa grandeur aux yeux de Dieu et des hommes, et, s'il y a sacrifice, il est compensé par d'ineffables satisfactions.

Les âmes vraiment grandes se dévouent, pour ainsi dire, instinctivement dans les situations et les circonstances les plus diverses, tantôt pour accomplir un devoir de famille, tantôt par un élan de piété, de patriotisme ou d'humanité.

Sous la Terreur, en un jour d'émeute, M. Bouilly [1] s'élança résolument devant la porte d'une prison et barra le passage à une bande d'égorgeurs. Atteint au visage d'un coup de pique, il essuya froidement son sang et se contenta de dire au forcené qui l'avait frappé : « Qu'est-ce que cela prouve? Vous n'entrerez pas plus pour cela [2]. »

Je pourrais citer des fils, des filles, qui ont sacrifié leurs goûts et leurs désirs les plus légitimes, leur présent, leur avenir, pour se consacrer au soin d'un père ou d'une mère dont l'âge, les infirmités ou l'isolement réclamaient ce dévouement filial. Avec quelle simplicité, avec quel bonheur ils renonçaient à eux-mêmes pour se donner tout entiers à leurs parents!

---

[1] L'auteur des *Contes à ma fille*, des *Jeunes Femmes*, etc.
[2] M. Ernest Legouvé, *Conférence sur l'abbé de l'Épée*.

On voit souvent aussi un père, une mère, un aïeul, s'immoler pour ses enfants ou petits-enfants, comme nous en trouvons une preuve admirable dans un fait qui a eu lieu au mois d'octobre 1836.

Un incendie avait éclaté à Méandre (Isère). Le toit d'une maison s'écroulait; de chaque ouverture s'échappaient des torrents de feu, et les plus courageux n'osaient pas tenter d'arracher à la mort un enfant de trois ans qui dormait dans son berceau, lorsqu'on vit une femme octogénaire s'élancer à travers les flammes, pénétrer dans l'intérieur de la maison devenue une fournaise, et reparaître chargée du précieux fardeau. Des cris de joie et d'admiration l'accueillirent; elle elle était sauvée..., lorsqu'un pan de muraille, s'écroulant devant elle, arrêta sa course, et elle tomba pour ne plus se relever. Elle couvrit de son corps celui de l'enfant, qui était son petit-fils, et le protégea ainsi contre le feu, qui la consuma seule. Quelques secondes après, on put retirer l'enfant que la généreuse aïeule avait préservé aux dépens de ses jours.

Dans le courant de la même année, le choléra fit d'affreux ravages à Ancône (Italie), et le peuple y fut saisi d'une telle épouvante, que personne ne se présentait plus pour remplir l'office d'infirmier dans les hôpitaux. Le conseil municipal prit alors le parti de s'adresser au commandant des troupes françaises qui occupaient cette ville, et de lui demander des hommes de bonne volonté. On en demanda douze au 66° régiment de ligne : il s'en présenta cent trente-quatre.

Pendant que le même fléau sévissait à Marseille en 1832, l'abbé Coulomb, vicaire d'une paroisse de cette ville, avait assisté jusqu'à leur mort une pauvre veuve et sa fille. N'ayant trouvé personne pour enlever leurs corps, il les prit successivement sur ses épaules et les porta jusqu'au tombereau qui conduisait au cimetière les victimes de l'épidémie.

Au mois d'octobre de la même année, un fondeur nommé Morvillez, qui était en outre sapeur-pompier à Amiens, était à peine convalescent d'une grave attaque de choléra, lorsqu'il vit de son lit, à six heures du matin, tomber dans le canal un ouvrier du faubourg Saint-Pierre. Malgré un froid très vif et l'état de faiblesse où l'avaient réduit plusieurs saignées, il sort de son lit, se précipite dans le canal et en retire l'ouvrier, qui était sur le point de périr.

Un autre ouvrier va nous montrer aussi le dévouement poussé jusqu'au plus complet oubli de soi-même. En avril 1837, un couvreur, qui travaillait à Paris sur un toit très élevé, glissa tout à coup jusqu'au bord. Par un effort désespéré, il s'accroche avec ses mains à la gouttière et parvient à se maintenir un instant en équilibre. Voyant des camarades au-dessous de lui et voulant leur donner le temps de s'éloigner, il recueille toutes ses forces et crie : *Gare dessous!* Puis, les bras ouverts, il tombe en répétant le cri sauveur : *Gare dessous!* Horriblement fracassé, n'ayant plus que quelques minutes à vivre, il souriait à ses camarades, et, promenant ses regards sur eux, il dit en expirant : « Je suis garçon, et il y avait là dix pères de famille. Que Dieu ait pitié de moi! »

M. Goguey, Joseph, sergent au 18ᵉ régiment d'infanterie, dirige, depuis 1854, l'école des enfants de troupe de son régiment, et leur enseigne, avec un succès merveilleux, l'histoire, la géographie, les mathématiques, la topographie. Pendant le bombardement de Strasbourg, en 1870, il se trouvait dans cette ville avec le dépôt du 18°; il ne cessa pas un jour de donner ses leçons. Lors de la capitulation, l'ennemi emmena en Allemagne le maître et les écoliers. Ces enfants, au nombre de douze, durent faire la route à pied. Le sergent Goguey ne les quitta pas une minute, et, quand l'un d'eux tombait, exténué de fatigue, il le portait sur son épaule.

Ils furent internés à Torgau (Saxe), jusqu'au 7 juin 1871, époque à laquelle Goguey les ramena en France, à Bordeaux, où se trouvait le régiment.

Pendant huit mois de captivité, il fit la classe à ses élèves, auxquels il prodigua les soins de la mère la plus tendre. Trois d'entre eux firent leur première communion en Allemagne. Il en perdit un des suites de la fatigue et des privations. Ce fut pour le brave sergent une des grandes douleurs de sa vie. Son colonel, qui le tient en haute estime, l'a proposé pour la croix, en même temps que la *Société nationale d'encouragement au bien* lui décernait, dans sa séance publique du 23 mai 1875, une médaille de 1re classe [1].

Les époux Trinez, pauvres cordonniers, vivant péniblement de leur travail à Lestrem (Pas-de-Calais), n'ont pas laissé échapper une occasion de se dévouer pour les autres. Ils recueillent, en 1860, une vieille femme pauvre et impotente, et la gardent trois ans. Ils soignent pendant onze années une tante qui meurt chez eux à quatre-vingt-sept ans. Lors du cho-

---

[1] Extrait du rapport de M. Honoré Arnoul, secrétaire général de la *Société nationale d'encouragement au bien*, lu à la séance publique du 23 mai 1875.

léra de 1866, ils se multiplient auprès des malades. En 1868, ils recueillent encore un malheureux bossu qui meurt trois mois après, puis un vieillard de quatre-vingt-trois ans, auquel ils donnent pendant quinze mois, et jusqu'à sa mort, les soins les plus assidus. Ils soignent encore, en 1879, une femme infirme et idiote âgée de quatre-vingt-trois ans, et un ouvrier hydropique dont ils secourent la famille [1].

Pierre Lavie à six ans était mousse; à quatorze ans, matelot; à vingt ans, il était embarqué sur un navire de guerre, et sept ans après il quittait la flotte avec les galons de quartier-maître, armait un bateau de pêche, et pendant quarante ans il a navigué sans repos... De sa main il a arraché quatre-vingts créatures humaines à la mort...

Le 20 janvier 1858, par un gros temps, à cinq lieues au large des côtes de Hollande, Lavie rencontre un trois-mâts russe en détresse; il gouverne sur le navire et saute à bord. Il trouve un homme couché en travers du pont; c'est le capitaine; il est ivre-mort..., et lui seul connaissait la route! Autour de lui quelques matelots désespérés, perdus dans ces parages inconnus, et allant droit sur des écueils redoutables. Lavie saisit la barre, et, suivi de son bateau de pêche, cet amiral d'aventure rentre au port d'Ostende avec sa flotte désemparée et sa glorieuse capture.

C'est à Ostende encore que, deux ans après, il remorquait un sloop hollandais qu'il avait trouvé coulant bas en pleine mer, et que, malgré les vagues fu-

---

[1] Extrait du rapport sur les récompenses décernées par la *Société nationale d'encouragement au bien*, à sa séance publique du 15 juin 1879.

rieuses, il avait abordé au risque de mettre en pièces son bateau[1].

Des femmes (et combien d'autres je pourrais citer!) vont nous offrir des exemples non moins admirables d'abnégation de soi-même et de dévouement.

Lorsque la peste de 1720 s'étendit de Marseille à Aix, deux sœurs, âgées l'une de vingt-deux ans, l'autre de dix-neuf, Mlles Marie et Delphine de Ribbe, habitaient avec leur famille, à quelques lieues de distance, la petite ville de Rogne, que la contagion épargna. Au même instant naissent dans leur âme la pensée et le désir de se consacrer au service des malades. Immédiatement, sans se confier leur secret, toutes les deux consultent séparément leur confesseur, qui, pour les détourner de leur projet, leur impose le devoir de la réflexion. Mais, voyant le mal étendre ses ravages, elles redoublent leurs instances, et l'archevêque d'Aix, consulté, autorise leur départ : le sacrifice s'accomplit sans retard, sans hésitation. « Nous avons eu, écrit Delphine à sa mère dès son entrée à l'hôpital d'Aix, nous avons eu une grande peine à surmonter les sentiments et les résistances de la nature, et même, quand nous avons reçu les lettres de MM. les prêtres, nous avons été fort attendries; mais le Seigneur nous a aussitôt soutenues, et nous avons été fermes. » Quelques jours après, Delphine était emportée par la contagion. Marie, après avoir vu mourir sa sœur à ses côtés, mais plus vigoureusement trempée, résista quatre mois : seule, en face de la maladie et de la mort, sans appui ni consolations

[1] Extrait du rapport fait par M. Rousse sur les prix de vertu décernés par l'Académie française dans sa séance publique du 15 novembre 1863.

terrestres, elle ne faiblit pas une heure, pas un instant, et s'éteignit en rendant grâces à Dieu. « Trop heureuse suis-je, disait-elle à son lit de mort, trop heureuse suis-je de pouvoir me donner à Celui qui s'est donné tout à moi [1]. »

La demoiselle Françoise Bouchoux, qui demeurait à Feillens (département de l'Ain), âgée de soixante ans en 1831, avait déjà passé quarante ans à soulager toutes sortes de souffrances. Elle avait notamment recueilli chez elle et soigné pendant deux ans et demi une malheureuse veuve nommée Claudine Gonod, plus âgée qu'elle, aveugle et atteinte d'une maladie horrible qui, jointe à l'état d'imbécillité où elle se trouvait réduite, en faisait un objet repoussant. Françoise Bouchoux nettoyait, lavait elle-même cette pauvre femme et lui administrait tous les secours que son triste état réclamait. Ces soins généreux ne cessèrent que par la mort de la veuve Gonod, et laissèrent à la demoiselle Bouchoux une infirmité dont elle a souffert toute sa vie [2].

Le 27 février 1850, une dame, propriétaire d'un moulin à Charleville (Ardennes), passait près d'un engrenage, lorsque sa robe, agitée par le vent, s'engagea dans la machine. Aux cris poussés par elle, une jeune servante, nommée Marguerite Hers, accourut et saisit sa maîtresse à bras-le-corps. Pendant deux minutes elle eut le courage et la force de laisser un de ses doigts dans l'engrenage et de se maintenir, elle et sa maîtresse, dans cette périlleuse position.

---

[1] *Deux Chrétiennes pendant la peste de 1720*, par Charles de Ribbe, 1874.

[2] *Livret des prix Montyon.* — 1831.

Un domestique du moulin étant aussi accouru, les vit toutes deux étendues à terre sans connaissance, sa maîtresse heureusement sans blessure et la servante ayant le doigt brisé.

Au moment où un médecin la plaignait des souffrances qu'elle devait endurer, elle lui répondit avec simplicité qu'elle n'éprouvait qu'une chose, la joie d'avoir sauvé sa maîtresse [1].

Que de modèles de dévouement chrétien poussé jusqu'à l'héroïsme nous pourrions trouver dans les sœurs de Charité! Nous nous bornerons à en citer deux.

Un jour, c'était en 1854, dans la maison-mère des sœurs de Saint-Vincent-de-Paul, arriva, d'une communauté lointaine de Paris, une jeune sœur chargée d'une commission de sa supérieure pour la mère générale. Celle-ci l'accueillit avec joie et lui dit qu'elle arrivait à propos, parce qu'au lieu de retourner d'où elle venait, elle allait partir à l'heure même pour une des ambulances de Crimée, où le choléra et la fatigue ayant diminué le nombre des sœurs, il fallait des remplaçantes. La jeune sœur ne fit qu'une remarque, c'est « qu'elle n'avait pas son tablier, et elle demanda si elle pouvait aller le chercher ». — « Non, elle n'en avait pas le temps, mais on lui donnerait ce qu'il lui faudrait. » Aucune autre explication ne fut demandée ou donnée, et la jeune sœur partit ainsi simplement et tranquillement pour sa lointaine et périlleuse destination [2].

---

[1] Extrait du *Narrateur*, journal de l'arrondissement de Rocroi. — Mars 1850.
[2] *La sœur Nathalie Nartschkin, fille de Saint-Vincent-de-Paul*, par Mme Augustus Craven. — Ch. xiii, p. 260.

En 1877, une sœur de Charité, nommée la sœur Simplice, dirigeait, dans une promenade, cinq enfants dont le plus âgé n'avait pas huit ans, lorsqu'elle fut tout à coup assaillie par un chien de berger, de haute taille, qui l'attaqua avec fureur. A la vue de ce chien à mine sinistre, à la gueule dégouttante de bave, elle comprit à l'instant le danger; et, se jetant résolument entre les enfants terrifiés et l'animal furieux, elle fut cruellement mordue, et le chien, excité par les cris des enfants, chercha aussitôt à se jeter sur eux.

Alors eut lieu un acte de dévouement sublime. Protégeant de son corps les enfants cramponnés à ses jupes, la sœur marcha sur le chien, le saisit et s'attacha à lui pendant plus de dix minutes, se roulant avec lui, cherchant à l'étouffer et enfonçant le poing dans sa gueule, sans souci des morsures qui déchiraient son bras. Alors seulement le chien, effrayé par quelques paysans qui survinrent, abandonna sa victime et fut assommé peu après. Malgré des soins très prompts et la cautérisation de quinze lacérations dont étaient couverts les bras de la sœur Simplice, l'hydrophobie se déclara au bout de quelques jours. La noble fille ne s'était pas fait illusion, et ne tarda pas à succomber, sans faiblir un seul instant, ne se préoccupant que d'éloigner d'elle les femmes dévouées qui lui prodiguaient leurs soins, heureuse de son sacrifice, et trouvant une consolation suprême dans la certitude d'avoir sauvé, au prix de sa vie, les cinq enfants qui lui avaient été confiés [1].

---

[1] Extrait de la *Gazette hebdomadaire de médecine*. — 1877.

Le désintéressement s'unit à un courageux dévouement dans le trait suivant.

Le 8 janvier 1851, à Paris, les chevaux d'un brillant équipage s'étaient emportés dans la rue Saint-Honoré et parcouraient la chaussée avec une rapidité effrayante, lorsqu'un individu, dont la mise était celle d'un ouvrier, s'élance à la tête des chevaux et les saisit adroitement par les naseaux. Entraîné dans cette position pendant quelques instants au milieu de l'anxiété du public, qui redoutait un malheur, il parvient par ses efforts à arrêter les chevaux. On s'empresse autour de ce courageux citoyen, et chacun le félicite. Un homme, qui se trouvait dans la voiture en compagnie de plusieurs dames, met pied à terre, et, prenant la main de l'ouvrier, lui exprime avec effusion sa reconnaissance; puis, tirant de sa poche un portefeuille, il lui offre une généreuse rémunération; mais l'ouvrier, l'arrêtant par le bras, lui répond par ces paroles qu'a entendues un témoin de qui on tient ce récit : « Merci, Monsieur, aucun accident n'est arrivé, je suis payé. » Et il se déroba aux yeux du public, vivement ému d'une si noble conduite [1].

Deux hommes d'une condition supérieure, que leurs destinées ont rapprochés l'un de l'autre dans l'expédition d'Égypte, et dont mon père, à plusieurs années d'intervalle, a retracé la vie, nous offrent aussi des modèles de désintéressement, cette vertu caractéristique des bons citoyens et si nécessaire à notre régénération sociale.

Conté, dont le célèbre Monge avait dit : « Il a toutes

---

[1] *Nouvelles à la main*, numéro du 9 janvier 1851.

les sciences dans la tête et tous les arts dans la main, » avait été le directeur des ateliers de mécanique dans l'expédition d'Égypte. Lorsqu'il fut revenu en France, le premier consul chargea le général Belliard de lui demander quelle récompense il désirait pour les services qu'il avait rendus à l'armée d'Orient. Pour toute réponse, Conté dit au général : « Je désire que ceux qui ont servi sous mes ordres reçoivent de l'avancement. »

Caffarelli du Falga, qui fut depuis général de division du génie et mourut, en 1799, au siège de Saint-Jean-d'Acre, était resté l'aîné d'une famille de dix enfants. « Héritier de plus de la moitié de la fortune paternelle, il rejeta un avantage que les lois lui assuraient, que la plus sévère délicatesse eût pu accepter, mais dont son cœur se trouvait offensé. Il mit tout en commun, ou plutôt il se réserva pour sa part toutes les privations et toutes les fatigues; il trouva dans la modération de ses goûts, dans l'activité de sa vie, le moyen de les supporter, sans se donner même le mérite apparent d'un sacrifice. Il se fit l'instituteur des enfants de son village. Chaque soir, après le travail des champs, on le vit, au milieu d'eux, leur donner des leçons de lecture, d'écriture et d'arithmétique; il s'attachait particulièrement à leur enseigner la première des sciences, celle du vrai bonheur, en leur apprenant à aimer la vertu [1]. »

Nous allons voir se produire encore, dans des situations bien différentes, des actes du plus noble désintéressement.

[1] *Vie du général Caffarelli du Falga*, par J.-M. de Gerando, membre de l'Institut national.

M. de Champagny, qui devint ensuite ambassadeur de France à Vienne et ministre de Napoléon I**er**, avait d'abord suivi sous Louis XVI la carrière maritime. En 1774, après avoir été admis à l'École militaire de Paris et avoir servi pendant un an comme élève dans les *gardes-marines*, il eut, ainsi que ses camarades, un examen à subir. L'examinateur Bezout, connu par ses ouvrages sur les mathématiques, lui trouva une telle supériorité, que, sur son rapport, il fut proposé au roi pour être immédiatement promu au grade d'enseigne de vaisseau, de préférence à quatre-vingts de ses camarades, dont quelques-uns étaient de six ans plus anciens que lui. Cette faveur, accordée par Louis XVI, déplut à l'esprit de justice qui animait le jeune de Champagny, et, donnant un exemple unique peut-être alors de modestie et de désintéressement, il adressa au commandant de la marine à Brest, et, par son intermédiaire, au ministre, un mémoire contre lui-même, dans lequel il s'appliquait surtout à démontrer qu'il devait sa supériorité en mathématiques à une seule circonstance, à la faveur d'avoir passé à l'École militaire une partie du temps que ses camarades n'avaient pu donner qu'aux études pratiques. Une démarche si extraordinaire et faite d'aussi bonne foi ne pouvait rester inconnue; le bruit s'en répandit rapidement parmi les jeunes marins, et M. de Champagny compta ses meilleurs amis parmi ceux que cette faveur, de nouveau confirmée sur la proposition du ministre, aurait pu rendre ses ennemis mortels [1].

En 1837, M. Émile Mariton, archiviste de la cou-

---

[1] Extrait du *Biographe*, journal mensuel. — 1856.

ronne, venait d'être nommé à l'un des hauts emplois du mont-de-piété de Paris, lorsqu'il apprit dans ses bureaux que les fonctions de son prédécesseur étaient remplies, non par le titulaire, devenu trop vieux, mais, depuis plusieurs années, par son fils, qui occupait dans la même administration l'emploi immédiatement inférieur. M. Mariton court chez le ministre qui lui avait conféré cet emploi, donne sa démission qu'il fait agréer, et rapporte à M. D. le fils sa nomination à la place de son père [1].

En 1848, un étranger se présenta chez le sieur X., garde d'un bois appartenant à l'État, qui avait dix ans de fonctions, était marié et père de trois enfants. La femme du garde lui fit bon accueil, lui demanda le but de sa visite; il répondit, non sans embarras : « Je viens pour remplacer votre mari. »

Ces paroles tombèrent comme la foudre au milieu de la famille. La mère pâlit en regardant douloureusement ses enfants, et le mari s'écria avec un geste de désespoir : « Encore si on avait quelque chose à me reprocher, mais je défie... — Je le crois, se hâta de dire l'inconnu, dont l'accent trahissait une vive émotion; mais rassurez-vous, mon camarade, il ne sera pas dit que j'aurai jamais pris le pain d'un honnête homme. Je ne veux pas de votre place. Tant pis ! le gouvernement m'en donnera quelque autre, s'il veut ou s'il peut. » Et, dépliant la commission qu'il tenait à la main, il la déchira sous les yeux de la famille, qui croyait rêver, et on se sépara pour toujours amis.

L'inconnu qui s'était montré si désintéressé obtint

---

[1] *Bon et utile*, par Mlle Carny-le-Drouille, p. 123. — 1840.

quelque temps après, dans le service des marchés de Paris, un petit emploi qui lui suffît pour vivre heureux avec toute sa famille [1].

Lorsqu'à la suite de la guerre de Sécession des États-Unis, la Virginie pacifiée réclama l'honneur de subvenir magnifiquement à tous les besoins du général Robert Lee, qui s'était héroïquement dévoué et sacrifié à sa cause, il préféra gagner lui-même son pain de chaque jour, en conservant l'humble tâche de diriger le collège de Washington. Il refusa un traitement de deux cent cinquante mille francs pour la simple présidence honoraire d'une compagnie financière, et n'accepta pas même pour sa femme une pension de quinze mille francs que voulait instituer le comité du collège [2].

Mes jeunes lecteurs éprouveront le désir d'imiter, si l'occasion s'en présentait, quelques-uns de ces beaux traits de désintéressement et de dévouement; mais leur émulation sera peut-être encore mieux stimulée par l'exemple d'un enfant que j'ai connu moi-même et sur lequel le juge de paix du canton de Metzervisse (ancien département de la Moselle) m'a transmis, le 25 mars 1853, les renseignements que je résume ici.

Un des jours de la semaine dernière, par un beau soleil, plusieurs enfants d'Altroff jouaient près du gué de ce village où l'eau était gelée. Un petit garçon, nommé Justin Gouget, s'étant hasardé sur la glace du gué, fort mince en cet endroit, la fit rompre et disparut dessous. La hauteur de l'eau est d'environ un mètre trente centimètres (ou quatre pieds).

[1] *Les Annales du bien*, par M. J. Dolvincourt, p. 65. — 1853.
[2] *Un Vaincu*, par M⁻ᵉ Boissonnas, c. xxvi, p. 175.

Une femme, témoin de l'accident, jeta l'alarme; à ses cris, plusieurs hommes accoururent ainsi que Julien Antoine, âgé de sept ans, fils d'un maréchal ferrant. Pendant que les premiers délibéraient sur le moyen de sauver l'enfant, le petit Antoine s'élance sur la partie de la glace qui n'avait pas encore faibli sous l'action du soleil, se couche à plat ventre, se glisse jusqu'à l'ouverture qu'avait faite le poids du corps de son camarade, saisit une petite main qui était cramponnée à la glace bordant l'ouverture, et Justin Gouget fut sauvé.

Justin Antoine ayant rejoint son père, celui-ci lui fit des remontrances sur la témérité avec laquelle il s'était exposé à disparaître sous la glace; l'enfant sans se déconcerter, répondit : « Si j'avais fait comme les autres, Justin serait noyé. »

Mes lecteurs sont sans doute désireux de connaître la destinée de ce brave enfant, qui avait fait preuve d'autant d'intelligence que de dévouement par la manière dont il s'y était pris pour sauver son petit camarade. Comme il fréquentait assidûment l'école de son village et s'y conduisait bien, il fut admis gratuitement à l'École supérieure municipale de Metz, et, après y avoir complété son instruction, lorsqu'il pouvait prétendre à entrer dans l'École des arts et métiers de Châlons, il eut le bon esprit de préférer de revenir à Altroff pour y seconder son père et lui succéder un jour dans sa profession.

Je citerai encore un acte de dévouement charitable accompli par de jeunes élèves qui furent alors désignés sous le titre de *La petite caravane chrétienne*. C'était au mois de février 1845 : dans une montagne de la

Loire, les habitants de plusieurs hameaux avaient été, par suite de l'amoncellement des neiges, emprisonnés chez eux, sans provisions pour leur subsistance. Les élèves du séminaire de Verrières, situé dans les environs, conduits par leurs professeurs, traversèrent les neiges en s'échelonnant, sous la garde de Dieu, jusqu'aux sommets les plus éloignés, et parvinrent ainsi, au prix des plus rudes fatigues et en bravant des chutes périlleuses, à soulager un grand nombre de familles en détresse.

Voici venir maintenant un sauveteur de dix ans. Un jour, en 1877, à Bavay (département du Nord), vers cinq à six heures du matin, pendant que le père et la mère étaient allés faire une course dans le voisinage, un jeune garçon de dix ans dormait paisiblement auprès de deux frères plus jeunes que lui, lorsqu'il se réveilla tout à coup suffoqué par la fumée. Le feu venait d'éclater, on ne sait comment, dans l'intérieur de la chambre.

Les pauvres enfants se mirent à pousser des cris de détresse; l'aîné, conservant toute sa présence d'esprit, en prend un sur le dos et le met hors de danger; l'autre, encore au berceau, restait dans la chambre devenue la proie des flammes. Notre jeune sauveteur n'hésite pas; il s'élance au milieu des flammes, arrive au berceau, saisit l'enfant et parvient à l'emporter hors de la maison. Le plus jeune des trois frères a reçu quelques brûlures; quant à l'auteur de cette belle action, il a été sérieusement brûlé à un bras [1].

Pourrais-je mieux terminer qu'en rappelant les faits

---

[1] *L'Indépendant de Douai.* — 1877.

principaux qui ont mérité à l'institut des frères des Écoles chrétiennes un prix de deux mille francs, que lui a décerné l'Académie française dans sa séance publique du 8 août 1872, et qui provenait d'une souscription faite à Boston (États-Unis) et mise à la disposition de l'Académie pour honorer des actes de dévouement pendant le siège de Paris? C'est au discours sur les prix de vertu, prononcé dans cette séance par M. le duc de Noailles, que j'emprunte ce récit :

« Lorsque l'on vit la patrie en danger, les frères des Écoles chrétiennes se demandèrent comment ils pourraient concourir à sa défense et soulager ses maux. Deux fibres vibrèrent à la fois dans leur cœur : celle du citoyen et celle du chrétien; deux sentiments, deux vertus les entraînèrent : le patriotisme et la charité... Ils fournirent cinq à six cents des leurs, qui furent constamment et gratuitement occupés aux deux services de brancardiers sur les champs de bataille et d'infirmiers dans les ambulances. Les jours de bataille ils étaient plus nombreux...

« Ces jours-là on les voyait de grand matin, par un froid rigoureux, traverser Paris au nombre de trois à quatre cents, salués par la population, le frère Philippe[1] en tête, malgré ses quatre-vingts ans, et les envoyant au combat, où il ne pouvait les suivre. Quant aux frères, ils affrontaient le feu comme s'ils n'avaient fait que cela toute leur vie, admirables par leur discipline et leur ardeur. Ils étaient réunis par escouades de dix, un médecin avec eux, et ils mar-

---

[1] Supérieur général de l'institut des frères.

chaient comme un régiment. Arrivés au combat, les reins ceints d'une corde, et s'avançant deux par deux avec un brancard, ils se répandaient, courant toujours du côté du feu, relevant les blessés, les portant avec soin jusqu'au médecin et aux voitures d'ambulance. Pour chaque bataille, il y aurait une foule de traits à signaler. « Mes frères, leur criait un jour un de nos généraux, l'humanité et la charité n'exigent pas qu'on aille si loin. » Un autre chef descend de cheval, et embrasse l'un d'eux sous le feu du canon, en lui disant : « Vous êtes admirables, vous et les vôtres. »

« C'est qu'en effet, dans le plus fort de la mêlée, ils couraient à nos blessés, sous les balles et la mitraille, mêlés cordialement avec nos soldats, qui les regardaient comme des camarades... Puis, le lendemain des batailles, ils ensevelissaient les morts. Eux-mêmes eurent à pleurer deux des leurs qui furent tués; plusieurs furent blessés, et dix-huit périrent par suite de maladies contractées près des blessés et des malades. »

Des prodiges de dévouement ont été accomplis aussi pendant l'invasion allemande, à Belfort, par un homme dont le nom mérite d'être à jamais consacré par l'estime publique. M. Auguste Juster a approvisionné à ses frais quatre ambulances civiles et militaires, et soustrait les blessés aux obus qui venaient les frapper dans leurs lits. Après le siège, il a fait sortir de la ville douze cents malades qu'il a placés dans de charitables familles. Pour le transport des soldats blessés, il avait fait garnir de matelas et de couvertures des wagons destinés au bétail, les seuls qu'il avait pu se procurer. Il a travaillé de ses mains à retirer de leurs sépultures les morts que des parents venaient réclamer. Il a donné des secours de route et des vivres aux soldats qui retournaient dans leurs foyers, dirigé vers la Suisse cent cinquante orphelins, et s'est entendu avec les délégués de ce pays pour constater et réparer les pertes de tout genre essuyées par soixante-dix communes françaises. Aussi la ville de Belfort a-t-elle offert à M. Juster une médaille d'or en reconnaissance de tout ce qu'il a fait pour elle, et une médaille d'honneur de 1re classe lui a été décernée par la *Société nationale d'encouragement au bien* dans sa séance publique du 23 mai 1875[1].

Je pourrais multiplier les récits de ces nobles actions qui honorent le cœur humain et protestent contre de trop nombreuses défaillances ; mais il me suffit d'avoir prouvé par des exemples variés que, dans toutes les conditions sociales et à tous les âges, les belles âmes se révèlent par l'abnégation de soi-même et le dévouement.

---

[1] Extrait du discours prononcé à cette séance par M. Honoré Arnoul, secrétaire général de la Société.

CHAPITRE IX

RECONNAISSANCE

Commerçants captifs dans les pays barbaresques et rachetés par des religieux rédemptoristes. — Pierre, l'enfant trouvé. — Les écoliers d'un village de Sousbe et leur instituteur. — Les ouvriers d'une fabrique de Rethel. — Une pauvre mère de famille de Douai. — Théodore l'enfant adoptif.

La reconnaissance envers nos bienfaiteurs ou ceux qui nous ont rendu des services est aussi une vertu qui distingue les belles âmes. Elles s'abandonnent avec bonheur à ce sentiment, le témoignent en se gardant bien d'en faire ressortir le mérite, le manifestent par des actes de dévouement, et quand elles ont pu rendre bien pour bien, elles n'y voient que l'acquit d'une dette sacrée.

Qu'il est doux surtout de l'acquitter envers les auteurs de nos jours, tendres protecteurs de notre enfance, envers les maîtres qui ont continué leur œuvre en formant notre cœur et notre intelligence, envers les ministres de Dieu qui nous enseignent les vérités éternelles et nous guident vers la céleste patrie! Quiconque nous a prêté un appui pour notre destinée, nous a soutenus dans nos épreuves, nous a relevés de nos chutes, quiconque a été secourable à notre vie matérielle ou à notre vie morale, a droit aussi à notre reconnaissance.

L'ingratitude a sa source dans les plus mauvais penchants de la nature humaine : dans l'orgueil et l'amour-propre, qui se blessent et s'irritent des bienfaits acceptés ; dans l'égoïsme, qui, rapportant tout à lui-même, croit que tout lui est dû et qu'il n'a rien à rendre en retour de ce qu'il a obtenu ; quelquefois dans l'envie que l'on porte à ceux qui ont trouvé dans la supériorité de leur mérite ou de leur situation le moyen de nous venir en aide. Ce honteux sentiment, qui accuse toujours la bassesse de l'âme, n'entrera jamais dans la vôtre, chers lecteurs, surtout si vous vous rappelez que, pour ne pas être ingrat envers les hommes, il faut d'abord ne pas l'être envers Dieu, le suprême bienfaiteur.

Portez maintenant vos regards sur quelques exemples qui mettent en lumière la douce obligation et les généreux élans de la reconnaissance.

Dans le diocèse de Gap, on voit encore des chaînes et des boulets suspendus aux murailles de plusieurs chapelles. Ce sont les fers dont quelques commerçants, natifs de ces villages, avoient été chargés dans les pays barbaresques. Rachetés par des religieux rédemptoristes et revenus dans leur patrie, ils avaient fixé ces insignes aux murs des églises, pour transmettre à la postérité le souvenir de leur reconnaissance.

Un enfant qui avait été recueilli à Paris dans l'hospice des Enfants-Trouvés et y avait été baptisé sous le nom de Pierre, fut envoyé avec plusieurs autres, quelques années après, à Saint-Quentin, pour y être élevé moyennant une légère rétribution. Quand on vint retirer ces enfants des mains de ceux qui s'en étaient chargés, Pierre trouva le moyen de s'échapper et de revenir à Saint-Quentin. Un traiteur de cette ville, touché de sa jeunesse et de sa misère, le prit chez lui et lui enseigna sa profession, sans autre vue que de faire une bonne œuvre.

Pierre avait atteint dix-huit ans, lorsque son bienfaiteur, pressé par un créancier qui exigeait le payement de ce qui lui était dû, et manquant de fonds pour se libérer, résolut, pour éviter les poursuites dont il était menacé, de vendre une partie de son argenterie. Il appelle le jeune Pierre, lui confie sa situation et son désespoir, et le charge de vendre son argenterie. Pierre lui dit de ne point se presser de la vendre, et qu'il espère pouvoir le tirer d'embarras par d'autres moyens. Sans autre explication, il va trouver le colonel du régiment d'artillerie qui était en garnison à Auxonne, se fait accepter par lui comme remplaçant, s'engage dans le régiment, et apporte à son bienfaiteur le prix de son engagement. « Tenez, lui dit-il, il y a longtemps que j'ai envie de servir le pays, et pour vous prouver que je ne suis pas un ingrat, voici de quoi acquitter votre dette. » Le traiteur et sa femme, fondant en larmes, embrassent le jeune homme et veulent le forcer à reprendre son argent; mais rien ne put ébranler sa résolution, et il se hâta de rejoindre son régiment, tout heureux d'avoir acquitté sa dette de reconnaissance [1].

[1] Extrait de la *Petite Morale en action*, par E.-L. Frémont.

Mes jeunes lecteurs n'ont qu'à écouter leur cœur pour se montrer reconnaissants envers leurs bons et dévoués instituteurs. Je suis donc sûr de l'intérêt qu'ils prendront au récit d'un trait charmant de gratitude d'un grand nombre d'écoliers à l'égard de leur maître.

Dans un village de Souabe, en 1852, un incendie ayant éclaté tout à coup à l'entrée de la nuit, la maison d'école fut complètement détruite par les flammes. L'instituteur, qui se nommait Zellen, père d'une nombreuse famille, perdit dans cet incendie tous ses meubles et son petit avoir, et, réduit à la dernière détresse, il ne savait plus comment il pourrait s'en tirer lui et les siens.

Le lendemain du sinistre, il était assis, triste et abattu, devant la maison d'un voisin qui l'avait hébergé pendant la nuit, lorsqu'il vit, à son grand étonnement, tous ses élèves accourir vers lui. Les uns lui apportaient des vivres, les autres du linge et des vêtements, le priant, avec l'accent d'une vive affection, de ne pas se laisser aller au découragement et d'accepter les objets de peu de valeur qu'ils lui offraient, l'assurant qu'ils feraient tout auprès de leurs parents pour être à même de lui apporter plus encore le lendemain. Ces touchantes manifestations de reconnaissance arrachèrent des larmes de joie au pauvre maître d'école et le remplirent de consolation. Enfin arriva une jeune fille qui lui offrit une image, en lui disant avec l'accent de la tristesse : « Hélas! monsieur l'instituteur, il n'est pas en mon pouvoir de vous assister; ma mère a pleuré en se voyant réduite à ne rien faire pour vous, car nous sommes nous-mêmes bien pauvres; mais je me suis consolée en pensant que vous auriez égard à ma bonne volonté. Je vous en prie, ne dédaignez pas cette image que j'ai reçue dernièrement au catéchisme; car M. le curé m'a dit qu'elle offrait quelque chose de consolant pour les personnes affligées. » L'instituteur, dont la curiosité avait été excitée par les paroles de la jeune fille, accepta l'image, qui représentait Job dans son dénuement. Au bas on lisait ces mots extraits du *Livre de Job* : « Le Seigneur me l'avait donné, le Seigneur me l'a ôté, que son saint nom soit béni! »

« Oh! oui, bien certainement, ma chère enfant, reprit le maître d'école, vous avez eu une bonne pensée en me donnant cette image; le sujet s'adapte on ne peut mieux à la circonstance. Je veux faire la même prière que Job, et j'espère que je serai, comme lui, secouru par Dieu. »

La situation de ce pauvre instituteur ne tarda pas à s'améliorer. Ses élèves, qui lui avaient si bien témoigné leur affection, ne cessèrent d'intercéder en sa faveur auprès de leurs parents, et bientôt il se trouva plus à son aise qu'auparavant[1].

En 1837, M. D., un des premiers fabricants de tissus de laine à Rethel (Ardennes), qui s'était concilié l'estime de ses concitoyens et l'affection de ses ouvriers, fut obligé de suspendre ses payements. Ses ouvriers n'avaient pas oublié qu'ils lui devaient le travail qui les faisait vivre depuis cinq ans, et qu'il les avait toujours traités paternellement : ils furent les premiers à venir à son secours. Les peigneurs de

---

[1] *Recueil de beaux traits*, publié en allemand (traduction de M. l'abbé P. Bélet).

laine offrirent de travailler gratuitement pendant un mois; les tisseurs demandèrent à faire chacun l'abandon d'une pièce; les *soigneuses* de la mécanique de Rethel firent des propositions analogues, et un ouvrier de Pagny alla offrir deux cents francs à un des créanciers qui, disait-on, voulait vendre sa créance.

Un beau-frère du manufacturier dont la fortune se trouvait compromise proposa à un peigneur nommé Nicolas Fay, père de quatre enfants, une hypothèque sur sa maison pour une somme de trois mille neuf cents francs qui était due à cet ouvrier. Non seulement celui-ci refusa l'hypothèque, mais il déchira le seul titre qu'il possédât, un billet remboursable à volonté, et il dit, les larmes aux yeux, qu'il ne demandait qu'à travailler et qu'il accordait dix ans pour le remboursement de sa créance[1].

A Douai, en 1870, deux jeunes gens qui se préparaient à subir l'examen du baccalauréat avaient fait part de leurs inquiétudes à une pauvre mère de famille qu'ils visitaient comme membres d'une conférence de Saint-Vincent-de-Paul. Elle n'eut plus d'autre pensée que d'accomplir un dessein qu'elle avait conçu pour acquitter sa dette de reconnaissance. Chaque jour elle distrait secrètement un peu du nécessaire, centime par centime, sou par sou, et parvient à réunir la petite somme dont elle avait besoin pour réaliser son projet. Aussitôt elle court chez son curé, lui remet sa modique offrande, et lui demande de dire une messe pour la réussite de ses bienfaiteurs. L'offrande ne fut pas acceptée, mais la messe fut dite selon l'intention

---

[1] *Bon et utile*, par Mlle Carny-le-Dreuille.

de la pauvre femme, et elle fut récompensée de sa bonne action par le succès avec lequel les deux jeunes gens subirent l'examen qui les avait tant préoccupés [1].

Nous allons voir la reconnaissance se manifester de la manière la plus touchante, longtemps après le bienfait qu'on aurait pu croire oublié, dans un récit que j'emprunte à un journal intitulé le *Courrier de Bourges*, et qui y fut publié au mois de janvier 1854.

Il y avait, à cette époque, environ vingt-cinq ans que les époux G..., petits cultivateurs habitant une commune de l'arrondissement de Saint-Amand (Cher), avaient trouvé, un matin, sur le seuil de leur porte un enfant nouveau-né. Le premier soin de ces braves gens fut de prendre l'enfant dans leurs bras et de lui donner du lait, qu'on lui fit avaler sans peine. Le jour même on le présenta sur les fonts baptismaux, et il reçut le nom de Théodore, choisi par le curé.

Comme les époux G... n'avaient eu qu'un fils, et que ce fils était mort quelques années auparavant, ils reportèrent toute leur affection sur celui dont le Ciel leur avait fait présent. Théodore grandit dans la chaumière de ses parents adoptifs, sans que rien fût modifié dans les habitudes du modeste ménage. Doué d'une intelligence précoce et d'une heureuse mémoire, il profita bien de l'instruction qui lui fut donnée dans l'école du village : à l'âge de douze ans, il savait lire, écrire et compter. Vers cette époque il devint plus sérieux, parut se préoccuper de son sort, et, comme ses bienfaiteurs s'inquiétaient de ce changement subit, il leur déclara qu'il voulait voir le monde et aller

[1] *Bulletin de la Société de Saint-Vincent-de-Paul.* — 1871.

à Paris pour y apprendre un métier. Rien ne put le retenir, et un beau jour (il avait alors près de treize ans) il prit le chemin de la capitale.

Ses ressources pécuniaires étaient bien modiques, mais il était muni de plusieurs lettres de recommandation du curé du village et d'excellents certificats du maire. Avec cela, un peu de courage et beaucoup de confiance en Dieu, Théodore était sûr de son fait. Comment vécut-il pendant cinq années? On l'ignore; on sut seulement qu'il écrivait de temps en temps des lettres affectueuses à ses parents adoptifs, et que souvent une petite pièce d'or accompagnait la lettre.

Malheureusement les deux campagnards tombèrent malades; il fallut rester longtemps à la maison, payer le médecin et le pharmacien, payer les ouvriers et subir les conséquences de plusieurs mauvaises récoltes. A la modeste aisance qui jusqu'alors avait soutenu le ménage succéda la pauvreté. On écrivait bien au *petit* (c'est ainsi qu'on appelait le plus souvent Théodore); mais le *petit* venait de partir pour un lointain voyage, et on ne reçut pas de réponse.

Il fallut donc se résigner et souffrir en silence, lorsqu'un jour, dix-huit mois après la dernière lettre du jeune homme, les pauvres vieillards virent entrer dans leur chaumière le maire du village, qui leur remit cinq cents francs de la part de leur fils adoptif et leur annonça son prochain retour. Il était à Rome, à la tête d'un commerce important, et voyait tous les jours ses affaires prospérer.

Les époux G... pleuraient de joie; mais ce fut bien autre chose quand ils virent, à côté de leur chaumière, des ouvriers aplanir le terrain et, quelques mois après, une jolie maisonnette remplacer le toit de chaume qui jusqu'alors les avait abrités. C'est dans cette nouvelle habitation qu'ils eurent le bonheur de recevoir la visite de Théodore, qui leur avait si bien prouvé sa reconnaissance, et qui leur continua sa filiale assistance jusqu'à leur mort.

CHAPITRE X

SOUMISSION A LA VOLONTÉ DE DIEU — CONFIANCE
EN SA JUSTICE ET EN SA MISÉRICORDE

Le poète Édouard Neveu. — Réponse d'un pauvre à un théologien. — Un cultivateur de la Sologne. — Un marin normand. — L'orpheline Thérèse B.

Dieu, l'être parfait, ne peut vouloir que ce qui est juste et bon dans le plan de ses décrets éternels. Se conformer, autant qu'il dépend de nous, et se soumettre à sa volonté suprême, c'est reconnaître sa justice et sa bonté, c'est faire acte de raison en même temps que de piété.

En prenant Dieu pour guide, nous sommes sûrs de ne pas dévier du droit chemin, et, si sa volonté est la règle de nos actions, non seulement elles seront vertueuses, mais les difficultés s'aplaniront pour nous dans les sentiers de la vie, et les plus rudes épreuves ne troubleront pas la sérénité de notre âme.

Cette conviction avait inspiré à un poète normand, Édouard Neveu, mort à l'Hôtel-Dieu de Paris en

1852, deux vers qui témoignent de sa touchante résignation en présence d'une fin si lamentable :

> Vouloir ce que Dieu veut est la seule science
> Qui nous mette en repos.

Le poète infortuné ne se doutait pas assurément que son premier hémistiche était celui d'un vers écrit, cinquante ans auparavant, par le duc de Doudeauville, à la mémoire duquel j'ai déjà rendu hommage. C'est dans une lettre adressée à un de ses amis que se trouve ce vers inspiré par le même sentiment que ceux d'Édouard Neveu :

> Vouloir ce que Dieu veut, voilà ma volonté.

Pour tout véritable chrétien, soumettre constamment sa volonté à celle de Dieu, c'est obéir aux préceptes et se conformer à l'exemple de Jésus-Christ, qui, dans sa douloureuse agonie sur le mont des Oliviers, nous a donné ce suprême enseignement : « Qu'il soit fait, Seigneur, non pas comme je le veux, mais comme vous le voulez[1]. »

Nous devons nous attacher à reconnaître la volonté de Dieu dans les divers événements de la vie et accepter, en conséquence, la condition où nous sommes comme une chose voulue ou au moins permise par lui. « Il faut demeurer, a dit saint François de Sales, dans la barque où Dieu nous a mis pour faire le trajet de cette vie à l'autre, et il y faut demeurer volontiers et paisiblement. — Soyons comme Dieu le veut, quand il veut, autant de temps qu'il veut[2]. »

---

[1] *Saint Matthieu*, c. xxvi, v. 39.
[2] *Entretiens spirituels.* — Vingt et unième entretien.

Ne murmurons donc jamais contre le sort qui nous est fait et qui a sa cause, quelquefois voilée pour nous ici-bas, dans la justice et souvent même dans la miséricorde divine.

Sans doute il n'est pas donné à tous de s'élever à la perfection évangélique en se réjouissant des afflictions et des angoisses; mais nous pouvons du moins et nous devons les supporter avec résignation, par cela seul qu'elles nous sont envoyées par notre souverain créateur et juge. Cette pensée a inspiré à une femme de cœur et d'esprit, qui a connu toutes les douleurs de la vie de famille, les lignes que j'extrais d'une lettre datée du mois de juin 1855.

« Ce bonheur que je saurais si bien goûter, Dieu ne juge pas à propos de me le donner. Que sa volonté soit faite. J'éprouve dans cet acte de soumission à la divine providence la douceur secrète accordée à toute âme qui commence à se résigner. »

Louis de Blois, auteur d'un ouvrage auquel il a donné le titre d'*Institutions spirituelles*[1], raconte qu'un pauvre qu'il avait connu, et qui vivait dans une grande sainteté, répondit à un théologien qui lui demandait comment il y était parvenu : « En ne m'attachant qu'à la volonté de Dieu; et j'y ai si bien conformé la mienne, que tout ce qu'il veut, je le veux aussi. Quand la faim me presse ou que le froid m'incommode, j'en loue Dieu. Que la saison soit douce ou rigoureuse, que l'air soit serein ou chargé de nuages, qu'il survienne des pluies, de la grêle et du tonnerre, je bénis toujours Dieu de tout. Quoi qu'il m'arrive d'agréable ou

---

[1] *Appendice*, c. II.

de fâcheux, je reçois tout avec joie de sa main, parce qu'il ne peut rien venir de lui que de bon. »

Le même sentiment se retrouve dans une réponse que fit un cultivateur de la Sologne, dont les champs rapportaient presque toujours plus que ceux des autres habitants de son village. Un de ses voisins lui demandant un jour d'où pouvait venir cette fertilité : « Ne vous étonnez pas, lui dit-il, que je retire beaucoup plus de mes pièces de terre que vous des vôtres, car je dispose à mon gré des saisons et du temps. » Son voisin, encore plus surpris de cette réponse que du reste, le pressa de lui expliquer comment cela pouvait se faire. « C'est, dit-il, que je ne veux jamais d'autre temps que celui que Dieu veut, et je dirige en conséquence mes travaux de culture. Comme je veux tout ce qui plaît au bon Dieu, il me donne une récolte telle que je peux la désirer. »

Notre soumission aux décrets de la Providence ne doit pas être comme celle du musulman, une résignation passive à une nécessité fatale, une prostration de l'âme et de l'intelligence : elle doit être un abandon filial à la volonté de notre Père céleste, accompagné d'une confiance invincible et du zèle dans l'accomplissement des devoirs. Prosternons-nous devant sa toute-puissance, sa sagesse et sa justice suprême; mais relevons-nous en nous appuyant sur lui.

Autant nous devons nous défier de notre faiblesse, autant nous devons avoir une ferme confiance en la miséricorde de Dieu. N'oublions jamais, quelles que soient nos épreuves, qu'elles sont presque toujours exigées par sa justice, et qu'il ne veut que le salut de notre âme. Lors même que nous sommes tombés dans des fautes graves, ne nous décourageons pas, chassons loin de nous les craintes exagérées, invoquons le soutien de Dieu, et nous nous relèverons de nos chutes. Comme l'a dit un moraliste contemporain que j'ai déjà cité[1], « le trésor de l'homme est sa confiance en Dieu. »

Que de preuves je pourrais en donner, tant sont nombreux les faits qui mettent en évidence les miséricordes de Dieu pour les cœurs qui, ne doutant pas plus de sa bonté que de sa justice, s'abandonnent à lui avec une humble et entière confiance!

Il y a une douzaine d'années, un marin du port de Cherbourg, embarqué sur une frégate qui fut envoyée dans la mer des Indes, avait laissé dans un village situé près de Cherbourg sa femme et deux enfants. C'était un brave homme, ayant conservé, comme la plupart des marins, la foi simple de ses premières années, mais que la funeste habitude de boire de l'eau-de-vie avait souvent entraîné à des actes de brutalité envers sa femme, et ses enfants aussi n'avaient que trop pâti des privations imposées à la famille par les dépenses qu'il faisait au cabaret. Le régime salutaire auquel il fut soumis, pendant deux ans, sur le bâtiment de guerre où il faisait son service, et les bons conseils d'un officier de marine qui s'intéressait à lui parce qu'ils étaient du même canton normand, lui firent reconnaître combien ses habitudes d'intempérance lui avaient été funestes ainsi qu'à sa famille. En se rappelant qu'il avait rendu sa femme malheureuse, il pensa qu'elle l'avait complètement oublié. « Je l'ai bien mérité, disait-il à l'officier qui le protégeait. Dieu

---

[1] Droz. — *Philosophie morale.*

sait si je retrouverai ma pauvre femme et mes pauvres enfants encore vivants, puisque je ne leur ai rien laissé pour vivre pendant ma longue absence. »

Au bout de deux ans, la frégate à bord de laquelle il était revint en France, mais fut assaillie par une violente tempête et jetée sur des récifs où elle se brisa, près du cap de la Hague, en se dirigeant vers la rade de Cherbourg. Dans cet extrême danger, notre marin, qui n'avait jamais manqué de faire une courte prière le matin et le soir, mit toute sa confiance en Dieu, implora son pardon et son secours, et fit vœu de ne plus boire un seul verre d'eau-de-vie s'il échappait au naufrage. Une planche qu'il avait enfourchée, après avoir été longtemps ballotté par les vagues, fut lancée avec lui, à la marée montante, sur une plage où étaient accourus quelques habitants d'un village voisin, qui avaient vu la frégate se briser contre les récifs. Une paysanne éplorée recueillit dans ses bras le naufragé : c'était sa femme, qui, prévenue de son prochain retour, avait eu la crainte et le pressentiment que le navire qu'on avait aperçu voguant vers Cherbourg et abîmé par la tempête ne fût celui sur lequel était embarqué son mari. Celui-ci eut le bonheur de retrouver aussi ses deux enfants sains et saufs; le maire et le curé avaient procuré du travail à leur mère, et à eux des secours quand ils en avaient eu besoin. Leur père n'oublia pas qu'il devait son salut à la protection divine, qui avait été son dernier espoir au moment où il avait failli être englouti par les flots; il fut fidèle au vœu qu'il avait fait, ne maltraita plus sa femme, consacra toute sa paye au ménage, et réalisa même quelques économies qui lui permirent, lorsqu'il fut renvoyé dans ses foyers, d'acquérir une maisonnette et un petit jardin.

Une jeune fille, nommée Thérèse B..., n'avait que quatorze ans lorsqu'elle perdit sa mère, qui à ses derniers moments lui recommanda particulièrement de bien soigner son vieux père, ancien militaire affligé d'un rhumatisme chronique, et, quoi qu'il arrivât, de mettre toujours toute sa confiance en Dieu. Thérèse, agenouillée près du lit de sa mère, lui promit de ne jamais manquer à ces deux recommandations.

Elle se dévoua complètement à son père, qui ne pouvait plus quitter la chambre et qui n'avait pour vivre qu'une modique pension de retraite, comme ayant été blessé dans la guerre de Crimée. Thérèse faisait son ménage, entretenait son linge et ses vêtements, lui lisait, le soir, pour le distraire, quelques bons livres contenant surtout des récits historiques et des anecdotes, et lorsque des voisins, demeurant au même étage, lui témoignaient des inquiétudes sur son avenir, elle répondait en souriant qu'elle se confiait au bon Dieu, qui n'abandonnerait pas une pauvre orpheline.

Elle le devint tout à fait deux ans plus tard ; son père expira dans ses bras en la bénissant. Elle retira trois cents francs de la vente de leur petit mobilier, et employa cette somme pour se placer chez une estimable et habile couturière qui s'engagea à lui bien apprendre son état en deux ans, à la loger, la nourrir, et pourvoir à son entretien.

Thérèse, devenue très bonne ouvrière en robes, s'établit à son compte dans une chambre qu'elle loua dans un autre quartier, pour ne pas faire tort à la maîtresse qu'elle venait de quitter. Elle commençait à se former une petite clientèle, et s'applaudissait des résultats de sa confiance en Dieu, lorsqu'elle fut, par suite d'un excès de travail, atteinte d'une fièvre typhoïde. Une dame, qui lui avait quelquefois donné des robes à faire et à qui elle avait inspiré de l'intérêt, lui envoya son médecin et lui procura les soins gratuits d'une sœur de *Bon-Secours*[1]. La maladie fut longue, et dans une dernière crise à laquelle Thérèse faillit succomber, la sœur l'entendit prononcer ces paroles : « Souvenez-vous, mon Dieu, de la confiance que ma mère et moi nous avons toujours mise en vous, et que votre volonté soit faite. »

A partir de ce moment, la crise s'affaiblit et la convalescence se déclara; mais Thérèse se voyait hors d'état de travailler pendant plusieurs semaines encore, et elle était sans ressources. Le médecin et la sœur qui l'avaient soignée rendirent si bon témoignage d'elle à la dame dont la bienfaisance avait amené sa guérison, que celle-ci voulut compléter sa bonne œuvre. Elle était veuve et avait une grande fortune. Elle vint chercher Thérèse dès que celle-ci fut en état de sortir, l'emmena chez elle et la mit à la tête de sa lingerie, en lui promettant d'assurer son sort jusqu'à la fin de sa vie, si elle continuait de justifier la confiance et la sympathie qu'elle s'était conciliées.

---

[1] Ces bonnes sœurs gardes-malades ont une maison non seulement à Paris, mais aussi dans plusieurs villes de France.

CHAPITRE XI

LES ÉPREUVES DE LA VIE

L'officier de marine Monet de la Marck. — Thomas Morus. — Franklin. — Mlle Stéphanie R. — Le général de Martimprey. — Joseph P., ouvrier tisseur en soie. — Le forçat J.-L. Allaire.

Si on a bien compris la soumission que nous devons à la volonté de Dieu, la confiance que nous devons avoir en sa justice et en sa miséricorde, on aura compris, par cela même, les épreuves de cette vie et appris à les supporter. Les revers de fortune, les maladies et les infirmités, les déceptions, les injustices, les inimitiés, la perte de ceux qui nous sont chers, les peines du cœur, les plus cuisantes de toutes, en un mot, toutes les tribulations, ne nous arrivent que par la volonté de Dieu. Pauvre ou riche, ouvrier ou patron, serviteur ou souverain, personne n'en est exempt, et tous doivent, en s'y résignant, s'incliner devant la justice divine. Si nous rentrons sincèrement en nous-mêmes, nous reconnaîtrons que c'est une expiation méritée par nos fautes, et si quelquefois l'homme vertueux est lui-même en butte à de rudes épreuves, il y voit un motif et un moyen de progrès religieux, une mytérieuse manifestation des vues de Dieu sur lui, et il attend avec calme le grand jour des compensations éternelles.

C'est ce sentiment qui faisait dire à Judith, lorsque la ville de Béthulie qu'elle habitait fut assiégée par Holopherne : « Croyons que tout est arrivé, non pour notre perte, mais pour notre amendement[1]. »

« Rendez grâces à Dieu des maux que vous souffrez, a dit un ancien Père de l'Église; car c'est un feu qui vous fera perdre la rouille si vous n'êtes que du fer, et qui servira à vous éprouver si vous êtes de l'or. »

Un jeune officier de marine, qui est mort, après une longue absence, au moment où il allait rentrer en France et où un bel avenir s'ouvrait devant lui, écrivait à un ami le 5 juin 1864 : « Dans le monde, on estime un officier en raison des fatigues qu'il a endurées, des dangers qu'il a courus. Aux yeux de Dieu, un chrétien a d'autant plus de titres, qu'il a été plus éprouvé et qu'il a mieux supporté ces épreuves. Les chrétiens les plus éprouvés vont au ciel en chemin de fer, tandis que les autres dont la vie a été plus douce et plus heureuse n'y vont qu'en charrette. Plus d'illusion sur la valeur des choses d'ici-bas, mais aussi pas de découragement ni de désespoir[2]. »

Quelques exemples vont nous montrer comment on doit accepter et subir les épreuves de cette vie.

Lorsque Thomas Morus, qui avait été chancelier d'Angleterre, eut été condamné à mort par Henri VIII,

---

[1] *Livre de Judith*, c. xviii, v. 27.
[2] *Lettres d'un marin.* — *Correspondance d'Eugène Monet de la Marck.*

parce qu'il avait refusé de signer l'acte qui reconnaissait le roi chef de l'Église anglicane, sa femme vint le conjurer, dans sa prison, de sauver sa vie en prêtant le serment de suprématie spirituelle. Morus lui demanda combien de temps elle présumait qu'il pût encore vivre : « Pour le moins vingt ans, répondit-elle, et peut-être bien trente. — Vingt ou trente ans! reprit Morus. Qu'est-ce donc que ce terme, en comparaison de l'éternité? » Et il préféra la mort à un acte d'apostasie.

Franklin, dans la dernière année de sa vie, forcé par de vives souffrances à garder presque constamment le lit, disait, avec une ferme et pieuse confiance, « que tous les maux de cette vie ne sont qu'une légère piqûre d'épingle en comparaison du bonheur de notre existence future. » Il regardait les souffrances qu'il éprouvait comme une faveur de plus accordée par Dieu pour le détacher de la vie[1].

J'ai connu, dans une famille où se conservaient de fortes vertus héréditaires, une jeune et gracieuse personne que je désignerai seulement sous son prénom de Stéphanie, et qui, par suite d'une incurable infirmité, est restée constamment, jour et nuit, durant trente années étendue sur un lit formé seulement d'un sommier élastique. Elle ne pouvait changer de position qu'en se dressant un peu et se tenant, pendant quelques heures de la journée, à moitié sur son séant. Elle n'a jamais laissé échapper un murmure, et la sérénité de son caractère ne s'est pas un seul instant démentie pendant ce long martyre. Elle dirigeait le

---

[1] *Vie de Franklin*, par M. Mignet, membre de l'Institut.

ménage de son père devenu veuf, et son temps se partageait du reste entre les exercices de piété, des lectures en rapport avec l'élévation de ses sentiments, des travaux d'aiguille, et des causeries intimes avec les membres de sa famille ou quelques amis. Elle accueillait toujours le sourire sur les lèvres les personnes qui venaient la voir, et si on lui exprimait la sympathie qu'inspirait son état d'infirmité, elle répondait qu'elle n'avait qu'à remercier Dieu de lui rendre la vie si douce encore et de lui permettre d'entremêler de quelques occupations utiles le repos absolu auquel elle était condamnée. Lorsqu'elle s'est éteinte par l'épuisement de ses forces, qui n'avaient été soutenues que par l'énergie de son âme, sa fin a été aussi angélique que l'avait été sa vie tout entière.

Un de nos généraux les plus haut placés dans l'estime publique, le général de division comte de Martimprey, gouverneur des Invalides, me pardonnera de révéler un fait qui le concerne et qui prouve combien, dans les plus rudes épreuves, la paix de l'âme se fortifie par la foi et les consolations religieuses. Lorsqu'il fut un des otages de la Commune de Paris et incarcéré au dépôt de la préfecture de police, il y reçut, le 28 avril 1871, la première visite de Mme de Martimprey, dont le dévouement lui a sauvé la vie. Elle lui apportait l'*Imitation de Jésus-Christ*, dont la lecture fut son soutien pendant sa captivité. « Quel bon oratoire qu'une prison ! » dit-il à sa femme en recevant ce livre; et il inscrivit ces mots sur le revers de la couverture.

Un jeune ouvrier nommé Joseph P., employé dans un atelier de tissage de soie à Lyon, devait surtout à sa mère, femme de beaucoup de sens et de cœur, une bonne et religieuse éducation. Il avait pu faire quelques économies sur son salaire et avait déjà placé environ trois cents francs à la caisse d'épargne, lorsqu'un jour son livret disparut, pendant qu'il était à l'atelier, d'une poche de sa veste où il l'avait laissé, contrairement à son habitude, après avoir fait un nouveau placement. Il crut l'avoir perdu par mégarde, attendit quelques jours dans l'espoir qu'il le trouverait, et, étant allé ensuite faire sa déclaration à la caisse d'épargne, fut tout consterné d'apprendre qu'un inconnu avait, sous son nom et à l'aide d'une fausse signature, réclamé et touché la somme d'argent portée sur son livret. C'était pour lui une grande perte, qu'il supporta sans se plaindre, excepté de lui-même, parce qu'il avait commis, disait-il, une imprudence en laissant son livret dans sa veste, et il redoubla d'efforts pour faire de nouvelles économies.

Quelques mois après, un paquet de déchets de soie, qui devait être remis au maître fabricant, disparut aussi de l'atelier, et tous les ouvriers ayant déclaré qu'ils ignoraient par qui et comment il avait pu être enlevé, leur chef prit le parti de les fouiller tous à leur sortie de l'atelier. Un des camarades de Joseph P. suggéra l'idée de faire des recherches jusque dans les doublures des vêtements, et quelques déchets ayant été découverts dans la doublure de la veste de Joseph, il fut, malgré ses protestations d'innocence, accusé de la soustraction du paquet de déchets. Son maître voulut bien toutefois, par égard pour ses honnêtes parents, ne pas le dénoncer à l'autorité judiciaire, et se contenta de l'expulser de l'atelier.

Le malheureux Joseph, avant de rentrer chez lui, gravit la montagne de Fourvières pour aller s'agenouiller dans la célèbre église de Notre-Dame si chère aux Lyonnais, et supplier Dieu de lui donner la force de supporter cette nouvelle et si rude épreuve, et de faire éclater plus tard une preuve de son innocence.

Mais il n'était pas encore au bout de ses tribulations. Sa mère fut si désolée de son ignominieuse expulsion de l'atelier où il avait été admis, et de le voir, par suite, réduit à travailler comme manœuvre, qu'elle fut prise d'une fièvre continue qui résista à tous les remèdes. Elle avait peine à croire que son fils, qui s'était toujours si bien conduit, eût pu commettre un vol, mais elle ne s'expliquait pas la preuve matérielle qui s'était élevée contre lui, et le déshonneur dont il était entaché, peut-être pour toute sa vie, était surtout la cause du chagrin qui la minait.

Joseph était aussi au comble de l'affliction, mais se résignait à la volonté de Dieu et espérait toujours en sa justice. Il redoublait de soins pour sa mère, veillait près d'elle une partie de la nuit, et essayait de la consoler en l'assurant que, tôt ou tard, elle aurait la certitude qu'il était resté digne d'elle et de son père. Un jour, qu'il venait de rentrer après son travail et avait trouvé sa mère dans un état encore plus inquiétant, ils virent entrer dans la chambre le commissaire de police du quartier, ce qui leur causa un vif saisissement ; mais ce fonctionnaire se hâta de les rassurer en leur expliquant, avec une grande bienveillance, le but de sa visite.

Un ouvrier, qui avait été camarade d'atelier de Joseph P., avait été, depuis son renvoi, surpris et arrêté au moment où il tentait, après le départ des autres ouvriers et pendant que son maître était sorti, de forcer un tiroir où celui-ci mettait son argent. Une perquisition immédiatement effectuée dans le logement du voleur y avait fait découvrir des déchets de soie provenant de la fabrique pour laquelle il travaillait, et sous le poids des charges qui l'accablaient il avait avoué, dans l'espoir d'obtenir une atténuation de peine, que c'était lui qui avait aussi, quelques mois auparavant, dérobé le paquet de déchets de soie dont la soustraction avait été imputée à Joseph P. Pour mieux détourner les soupçons et pour se venger d'un refus que lui avait fait Joseph de lui prêter de l'argent pour le dépenser au cabaret, il avait pratiqué une fente et introduit dans la doublure de la veste de son camarade les déchets qui y avaient été trouvés.

Ce fait avait, dans le cours de la poursuite, réveillé le souvenir du livret de la caisse d'épargne dont avait été dépouillé Joseph P. Le juge d'instruction, ayant eu le soupçon que l'inculpé pouvait être aussi l'auteur du vol de ce livret et le faussaire qui en avait touché le montant, avait constaté, par une comparaison d'écritures et par les dépositions des employés de la caisse d'épargne, que ce double crime avait été commis par le misérable qui avait été la cause des malheurs de Joseph P., et c'était le juge qui venait d'envoyer chez ce brave ouvrier le commissaire de police pour lui annoncer les résultats de la procédure qui avait fait tomber les injustes soupçons dont il avait été l'objet, et qui avait fait découvrir l'auteur du vol de son livret.

Les derniers jours de la mère de Joseph furent

adoucis par l'immense consolation que Dieu lui avait accordée en rétablissant l'honneur de son fils, et elle eut encore la satisfaction de le savoir rappelé par son ancien maître et fêté par tous ses camarades dans l'atelier d'où il avait été banni quelques mois auparavant.

Les maux ou autres épreuves que nous subissons ont souvent pour nous un avantage que nous ne soupçonnons pas d'abord, celui de réveiller dans notre conscience le souvenir de nos fautes et de nous amener au repentir, qui serait étouffé par les jouissances d'une vie toujours prospère et douce. Nos cœurs se rapprochent de Dieu par un repentir sincère, et, en expiant ici-bas nos offenses envers lui, nous donnons à sa justice la satisfaction qui lui serait due au delà du tombeau. Soyons donc bien convaincus qu'à nos plus douloureuses épreuves se mêle toujours une pensée miséricordieuse de notre souverain Juge, et que c'est en se purifiant que notre âme peut parvenir à l'immortelle félicité.

« Redemande au repentir, a dit Chateaubriand[1], la robe de l'innocence; c'est lui qui l'a trouvée et qui la rend à ceux qui l'ont perdue. » Ce n'est pas seulement une belle image poétique; c'est aussi une vérité morale que contient cette maxime, et on va la voir admirablement justifiée par les mérites volontaires d'une rude et longue expiation dont le récit a été publié, au mois d'avril 1851, dans un journal de Paris[2].

Il y avait, à cette époque, quatorze ans qu'un homme subissait au bagne de Brest la peine d'un crime, en donnant l'exemple du repentir et de la charité, de la

---

[1] *Pensées, Réflexions et Maximes.*
[2] *Le Constitutionnel.*

persistance dans le bien pour le seul amour du bien, au prix des privations les plus dures qu'il lui fût possible de s'imposer dans les conditions de son existence. Frappé par la loi d'un juste châtiment, J.-L. Allaire a accepté avec résignation le sort du forçat, en se promettant de racheter par une pénitence plus rigoureuse encore l'indignité de son passé; il aspire au pardon de Dieu par le repentir, à la paix de l'âme par la bienfaisance... Mais, dans sa triste position, comment peut-il soulager l'infortune? En se privant de son petit pécule, de quelques centimes par jour, et en vendant même une partie de sa nourriture. C'est ainsi que dans l'espace de quatorze années il a remis à M. l'abbé le Fourdroy, aumônier de la marine, plus de six cents francs pour des œuvres de charité.

Le 10 décembre 1850, le bateau *Saint-Jean-Baptiste*, faisant la pêche du poisson frais, et appartenant au port de Dunkerque, a été submergé; l'équipage a péri. Allaire apprend que les hommes qui le composaient laissent des veuves et des enfants; il prend la résolution de venir au secours de la famille la plus malheureuse. Sou à sou, aux dépens de son nécessaire, il amasse une somme de vingt francs qu'il porte à M. l'aumônier en le priant de la transmettre, en un mandat, au maire de Dunkerque, pour être donnée selon ses intentions. La pauvre femme qui en a été gratifiée avait perdu son mari et son fils dans le sinistre du bateau-pêcheur, et restait veuve avec quatre enfants en bas âge.

On supposera peut-être que J.-L. Allaire avait un but intéressé, qu'il cherchait à recouvrer sa liberté. Non, il a constamment refusé l'intercession **de per-**

sonnes influentes, les offres même de l'administration, pour l'obtention de sa grâce. Comme nous l'avons dit, il a fait le bien pour l'amour du bien et pour mieux expier son crime; il l'a fait avec une rare persévérance soutenue par la foi et l'espérance du salut éternel, mais il n'attendait rien de la faveur des hommes. C'était une âme relevée, après la faute et la chute, par le repentir et la religion.

CHAPITRE XII

DIGNITÉ DU CARACTÈRE — SENTIMENT DE L'HONNEUR
EMPIRE SUR SOI-MÊME

Malesherbes. — Un ancien sergent devenu contremaître dans une manufacture. — Un pensionnaire de dix ans. — Recommandation de saint Louis à son fils. — Bayard. — Le président Frémyot. — Matthieu Molé. — Le général Drouot. — Henri de la Rochejaquelein. — Honorable conduite d'un instituteur communal. — L'honnête domestique. — Les quatre sœurs Béchu. — Les deux sœurs d'un domestique. — Flegme d'Épictète. — Saint François de Sales. — Une jeune fille et sa vieille gouvernante. — Deux élèves d'un pensionnat de Toulouse.

C'est surtout dans l'adversité, dans les grandes difficultés de la vie, que se manifeste la dignité du caractère, parce qu'elle est mise alors à une plus rude épreuve et qu'elle a plus de mérite à en triompher; mais elle est tellement inhérente aux âmes généreuses qui en sont douées, qu'elle n'attend pas, pour se révéler, ces occasions exceptionnelles, et qu'elle ennoblit tout naturellement les actes ordinaires de la vie.

Cette vertu est incompatible avec les caractères faibles, sceptiques, ou viciés par l'égoïsme; mais il ne suffit pas d'être ce qu'on appelle un *homme de caractère,* pour posséder la *dignité du caractère,* car un esprit ferme et résolu peut abuser de son énergie, s'opiniâtrer dans une mauvaise voie, s'abaisser même à de honteuses passions, et perdre ainsi toute dignité. C'est dans l'élévation de l'âme et de la pensée, dans le sentiment profond du devoir, que la dignité du caractère a sa source, et elle se maintient en mettant au-dessus de toutes considérations intéressées l'estime d'autrui et de soi-même.

L'homme qui conserve une inébranlable fidélité à ses convictions religieuses ou politiques, et qui leur fait le sacrifice de son avenir dans la vie publique ou de sa popularité, est un des plus beaux types de la dignité du caractère et obtient ainsi le respect de ceux mêmes qui ne partagent pas ses convictions.

Cette dignité du caractère est empreinte dans toute la vie de Malesherbes, qui s'est immortalisé par son courageux dévouement à l'infortune de Louis XVI, et à qui un monument a été élevé dans le palais de justice de Paris. Il avait soixante-douze ans lorsque ayant quitté la solitude où il s'était retiré pour se vouer à la défense du roi, traduit devant la Convention, il écrivit, le 13 décembre 1792, au président de cette assemblée : « J'ai été appelé deux fois au conseil de celui qui fut mon maître, dans le temps où cette fonction était ambitionnée par tout le monde; je lui dois le même service lorsque c'est une fonction que bien des gens trouvent dangereuse. »

J'ai entendu citer un ancien sergent qui, dans son régiment, après s'être fait d'abord railler par des camarades parce qu'il ne les accompagnait jamais au cabaret et qu'il remplissait autant que possible ses devoirs religieux, s'était ensuite concilié l'estime et la sympathie de tous par la droiture et la serviabilité de son caractère. Lorsqu'il fut libéré du service, ses excellents certificats le firent admettre comme contre-maître dans une manufacture; il se maria et devint père de famille. Dans l'atelier qu'il dirigeait, un procédé secret de fabrication procurait de grands bénéfices à son chef, et un concurrent offrit au contre-maître, qu'il savait dans la gêne par suite de ses charges de famille, quatre mille francs d'appointements s'il voulait entrer dans son établissement et lui révéler le secret qui enrichissait l'autre manufacturier. L'honnête ouvrier non seulement repoussa cette offre avec indignation, mais s'abstint d'en rien dire à son patron, pour éviter jusqu'au soupçon de prétendre à un éloge et à une récompense pour une action qui lui semblait toute naturelle. Dans sa modeste position comme dans sa vie militaire, il avait fait preuve de dignité de caractère.

Il en est certainement parmi vous, mes jeunes lecteurs, qui ont déjà et laissent entrevoir cette noble qualité; car elle se révèle de bonne heure dans les âmes d'élite et transpire dans leurs actions les plus simples. Je me souviendrai toujours d'un aimable enfant de dix ans, que j'ai connu dans un pensionnat et que ses camarades, frappés de l'élévation de son caractère, avaient surnommé *l'aiglon*. Ils avaient pleine confiance en lui, parce qu'il ne manquait jamais à sa parole, même dans les plus vulgaires incidents de la vie de collège, et ils le choisissaient pour chef ou pour arbitre dans les parties de jeux, parce qu'ils le savaient aussi incapable d'une tricherie que d'un mensonge. Tout ce qui avait une apparence de déloyauté, d'indélicatesse ou de calcul intéressé, lui inspirait une répugnance instinctive, et il tenait beaucoup à la liberté de son opinion lorsqu'il lui semblait que sa conscience y était engagée. Si quelques mauvais sujets, pour l'entraîner à suivre leur exemple, lui disaient : « Fais donc comme les autres, » il répondait fièrement : « Je resterai plutôt seul, que de faire comme les autres. »

Aussi refusa-t-il un jour de s'associer à un petit complot méchamment ourdi, dans la salle dont il faisait partie, contre un maître d'étude dont la juste sévérité irritait les élèves paresseux et indisciplinés. Ceux-ci ne manquèrent pas de l'appeler *couard* et mauvais camarade, et de prétendre qu'il avait voulu se mettre dans les bonnes grâces du directeur de l'institution; mais lorsqu'ils le virent mis en retenue pendant plusieurs récréations pour avoir fermement refusé de faire connaître les organisateurs du complot, que le maître de pension avait espéré de découvrir par celui qui n'y avait point participé, ils rendirent justice à la noblesse de son caractère et de sa conduite, et un de ses camarades, réputé pour ses bons mots, déclara que l'*aiglon* deviendrait certainement un *aigle*.

Le sentiment de l'honneur, si vif dans notre patrie, se lie étroitement à la dignité du caractère, et toute atteinte à l'honneur blesse, à l'instant même et bien justement, la fibre nationale. L'homme d'honneur vraiment digne de ce nom est celui qui n'écoute que la voix du devoir lorsqu'elle lui commande un acte de courageux dévouement ou le sacrifice de son intérêt personnel, sacrifice qui peut aller jusqu'à l'immolation; mais il ne faut pas confondre avec le véritable honneur, qui a sa source dans l'élévation du caractère et l'oubli de soi-même, ce qu'un certain monde appelle aussi l'honneur, et qui n'en est que la contrefaçon, *le faux point d'honneur,* qui dérive presque toujours d'une surexcitation d'orgueil ou d'amour-propre, de la vanité, d'un sentiment effréné de vengeance, quelquefois même d'une basse confiance en sa force ou son adresse. C'est assez dire que le duel ne saurait jamais être approuvé par la morale religieuse.

Notre histoire nationale nous présente d'admirables exemples d'existences toutes vouées au culte de l'honneur. Je lui emprunte quelques glorieux souvenirs, entre beaucoup d'autres.

Saint Louis, qui a été un modèle accompli de l'honneur chevaleresque et chrétien, adressait sur son lit de mort cette suprême recommandation à son fils Philippe le Hardi : « Mon fils, aime ton honneur[1]. »

Bayard, le Chevalier sans peur et sans reproche, dans une guerre en Italie, à la prise de Brescia, sauva l'honneur d'une famille menacée par la brutalité des soldats, et n'accepta un don de deux mille cinq cents ducats que pour les partager entre deux jeunes filles dont il venait de protéger la vertu. Qui ne sait que sa fin fut digne de sa vie? Blessé mortellement lorsqu'il était resté le dernier pour couvrir une retraite de l'armée française devant les forces supérieures des Espagnols, et voyant, sur le point d'expirer, son sort déploré par le connétable de Bourbon, qui servait dans les rangs ennemis, il lui dit : « Ce n'est pas moi

---

[1] Elle a été citée par le général Courson de la Villeneuve, en présidant, au mois d'août 1874, la distribution des prix du collège de Nice.

qu'il faut plaindre, mais vous qui combattez contre votre roi et votre patrie. »

Un illustre président du parlement de Bourgogne, Frémyot, répondit à des factieux qui tenaient entre leurs mains la vie de son fils :

« Ny les tourments que l'on pourroit me donner, ny ceux que l'on fera à mon fils et que je sentiray plus que les miens, ne me pourroient ébranler à faire quelque chose contre mon honneur et le debvoir d'un homme de bien¹. »

Matthieu Molé, qui était, en 1641, le premier président du parlement de Paris, se mit à sa tête pour aller, pendant les troubles de la Fronde, à travers les barricades et au risque de sa vie, réclamer deux conseillers arrêtés par ordre de la reine régente. Il faillit plusieurs fois être massacré en s'opposant aux violences des frondeurs et de quelques membres du parlement.

Le général Drouot, que Napoléon I*er* appelait *le sage de la grande armée,* et dont on a dit « qu'il était un de ces hommes dont le cœur s'élève lorsqu'ils voient baisser la fortune », était aussi un type du véritable honneur. Ce sentiment s'est-il jamais plus noblement manifesté que dans cette lettre adressée par Drouot, le 11 avril 1814, à son ami le général Évain? « J'accompagne l'empereur à l'île d'Elbe; je ne quitte point, dans l'adversité, le souverain que j'ai aimé et bien servi dans la prospérité. Je renonce à ma patrie, à ma famille, à mes affections les plus chères; le sacrifice eût été mille fois plus grand, de renoncer à la reconnaissance. »

¹ Lettre conservée en original aux archives municipales de Dijon.

L'histoire contemporaine nous présente encore une éclatante personnification de l'honneur et du courage militaires dans le jeune Henri de la Rochejaquelein adressant, avant de donner le signal du combat, cette brève harangue aux paysans vendéens qui l'avaient pris pour chef : « Mes amis, si mon père était ici, vous auriez confiance en lui. Pour moi, je ne suis qu'un enfant, mais, par mon courage, je me montrerai digne de vous commander. Si j'avance, suivez-moi; si je recule, tuez-moi; si je meurs, vengez-moi¹ ! »

Il va sans dire que le véritable honneur n'est pas un privilège des situations élevées, et qu'on en trouve aussi des modèles dans d'humbles existences. J'ai connu un instituteur primaire qui, satisfait de se voir aimé de ses élèves et estimé de leurs parents, a repoussé, pour ne pas les quitter, des offres avantageuses qui auraient plus que doublé son modeste traitement, et qui, quelques années après, plutôt que de se prêter à des démarches étrangères aux devoirs de sa profession et qui auraient pu compromettre son caractère, s'exposa à un déplacement dont il ne fut préservé que par les réclamations unanimes du maire, des conseillers municipaux et du curé.

Il n'en resta pas moins plein de déférence pour ses supérieurs; étranger aux agitations politiques comme aux petites intrigues locales, et il avait coutume de dire : « C'est un grand honneur que d'instruire la jeunesse et de former pour la patrie des soldats lettrés. »

L'homme d'honneur ne se reconnait-il pas aussi dans le commerçant qui, à la suite d'une faillite sur-

---

¹ *Mémoires*, par la marquise de la Rochejaquelein.

venue souvent sans faute de sa part, parvient, à force
de travail et d'économie, à désintéresser intégralement tous ses créanciers; dans l'homme qui n'hésite
pas à vivre dans la gêne, plutôt que d'en sortir par
des moyens, je ne dirai pas frauduleux, mais seulement contraires à la délicatesse; dans un simple domestique que j'ai entendu citer, et qui ne voulut pas,
même au prix de dix mille francs qu'on lui offrait,
soustraire et livrer des papiers appartenant à son
maître, et d'une grande importance pour celui qui
avait espéré les obtenir par l'appât d'une si forte
somme d'argent?

Les inspirations de l'honneur se sont manifestées,
de nos jours, dans un noble et touchant accord de
quatre sœurs pour ne pas laisser entacher la mémoire
de leur père et la considération de la famille.

En 1841, le sieur Béchu, meunier et propriétaire à
Étampes, était tombé en faillite sans que sa loyauté
commerciale fût suspectée par personne. La famille se
composait du père, de la mère, de quatre filles et d'un
jeune garçon, tous soutenus dans leur détresse par
une aïeule qui jouissait d'une grande fortune.

En peu de temps, le père, la mère et l'aïeule sont emportés par le choléra; les cinq enfants du sieur Béchu,
devenus orphelins, recueillent prématurément la succession de leur aïeule, qui leur laissait près d'un million.

Quelques mois après, les quatre sœurs accomplissaient scrupuleusement un vœu de leur mère, qui leur
avait dit, en mourant, que la première part de la fortune qui leur échoirait un jour devait être consacrée à
racheter l'honneur de leur père. Elles se mariaient

sous la condition de payer toutes ses dettes; les plus malheureux créanciers furent payés les premiers, et plus de trois cent mille francs furent consacrés à cette libération.

Les quatre mariages furent célébrés le même jour, dans la vieille église Saint-Basile, à quatre autels à la fois. Les quatre couples, à la sortie de l'église, furent salués affectueusement par la foule; tous les cœurs exprimaient un même vœu, celui du bonheur de ces nobles jeunes femmes qui s'étaient montrées si fidèles au culte et à la solidarité de l'honneur dans la famille[1].

Le même sentiment et la même noblesse de caractère se révèlent au plus haut point dans un fait qui s'est passé il y a peu d'années, et qui est à ma connaissance personnelle.

Un négociant de Reims, M. G***, avait chargé son domestique de porter huit cents francs en billets de banque chez une personne habitant la même ville. Dans le trajet, les billets de banque furent perdus ou volés, et le domestique, en faisant à son maître l'aveu de cette perte, lui demanda de retenir sur ses gages les huit cents francs dont il était responsable. M. G***, convaincu de la probité de son domestique, n'accepta pas son offre et le garda à son service.

Plusieurs mois après, un curé de la ville vient trouver M. G***, lui parle des huit cents francs perdus par son domestique, et lui dit qu'il est chargé de lui remettre cette somme. M. G*** refuse de la recevoir, s'il ne sait pas de qui vient cette restitution, et le curé se retire, n'étant pas autorisé à faire connaître

---

[1] Extrait du journal *la Presse* du 5 octobre 1849.

la personne qui l'a prise pour intermédiaire. Quelques jours après il revient, insiste de nouveau pour que M. G*** accepte les huit cents francs, et, le voyant persister dans son refus, se décide à lui déclarer que ce sont deux sœurs du domestique, qui, pour sauver son honneur et lui conserver sa place chez M. G***, ont amassé, par leur travail et leurs économies, la somme dont leur frère était redevable à son maître. Touché au dernier point d'une si grande délicatesse de sentiments, M. G*** refusa définitivement les huit cents francs qui lui étaient ainsi offerts, en ajoutant que c'était pour lui une perte sans importance, et qu'il ne consentait pas à profiter d'un acte si généreux de dévouement fraternel.

Quelle noblesse de caractère, de part et d'autre, dans cette lutte de générosité!

L'empire sur soi-même est une des conditions essentielles de la dignité du caractère, qui, si ses emportements ou ses défaillances n'étaient pas maîtrisés par une volonté ferme, s'abaisserait tantôt à la violence, tantôt à de honteuses faiblesses. Il y a plus de deux mille ans que *le sage par excellence* a dit : « Celui qui domine son cœur vaut mieux que celui qui prend des villes d'assaut[1] ; » maxime qui ne s'applique pas seulement aux conquérants ou à des chefs d'armée, mais qui enseigne aussi à tout homme que sa grandeur morale consiste à se vaincre soi-même. C'est ainsi qu'on suit invariablement la voie qu'on s'est librement tracée, au lieu de se laisser égarer par des influences étrangères; que l'on se préserve des amers

---

[1] *Livre des Proverbes*, c. xvi, v. 32.

regrets que laissent toujours après eux les excès, quels qu'ils soient; et qu'une âme maîtresse d'elle-même est naturellement portée à la modération, qualité si nécessaire dans les relations sociales et pour que nous puissions apprécier sainement les hommes et les choses en évitant de tomber dans les extrêmes.

Quel affligeant spectacle que celui d'un homme, et plus encore d'une femme, qui, ne s'étant pas efforcés de contenir la violence de leur caractère, éclatent sans cesse en paroles irritantes, en accès de colère, et se font haïr ou redouter dans leur intérieur! J'ai vu juger et condamner sévèrement un riche propriétaire foncier qui, doué d'ailleurs de qualités estimables, se livrait à des emportements continuels envers ses serviteurs et ses ouvriers, et qui un jour avait cassé la jambe de l'un d'eux en le maltraitant et le renversant à terre, parce qu'il n'avait pas mis à fin, dans un temps donné, la tâche qui lui avait été assignée.

Pour peu que nous soyons soucieux de notre dignité personnelle, attachons-nous donc, dès notre jeunesse, à nous posséder nous-mêmes, et, si notre nature l'exige, à en dompter la fougue par l'énergie de notre volonté.

Mes jeunes lecteurs, déjà familiers avec les récits historiques de l'antiquité, y auront trouvé de mémorables exemples de l'empire sur soi-même. Je me bornerai à leur signaler un trait de la vie d'Épictète, moins connu que quelques autres qui attestent aussi l'habitude qu'il avait prise de se maîtriser. Il avait à une jambe, depuis son enfance, un mal qu'on n'avait jamais pu guérir. Un jour que son maître, Épaphrodite, s'amusait à lui tordre la jambe, Épictète lui dit qu'il s'il continuait de jouer ainsi, il la casserait. Épaphrodite ne tint pas compte de cette observation, et la jambe fut, en effet, cassée. Épictète se contenta de dire froidement : « Je vous avais bien dit que vous me casseriez la jambe[1]. »

Combien d'exemples je pourrais citer, à ce point de vue, de la supériorité des vertus chrétiennes sur celles des païens ! Toute l'histoire des martyrs suffirait pour en témoigner.

Qui sut mieux se posséder soi-même que saint François de Sales, cet aimable saint que je me plais à citer parce que c'est un de ceux dont la faiblesse humaine peut mieux suivre les traces ? Lui-même nous a appris qu'il était naturellement vif et porté à la colère; mais, dès sa jeunesse, il s'attacha si fermement à réprimer cette passion, qu'il parvint ainsi à acquérir cette douceur inaltérable qui a été une de ses vertus caractéristiques. Quoiqu'il fût d'un tempérament tout de feu, a dit de lui sainte Chantal, personne ne l'a jamais vu en colère. »

Deux exemples donnés par des jeunes gens de notre époque prouvent que ce qu'a fait un saint, nous pouvons le faire aussi, soutenus par la grâce de Dieu.

Une jeune fille, d'un naturel très vif et qui s'irritait des moindres contrariétés, brusquait souvent une vieille gouvernante qui l'avait vue naître, l'avait tenue sur ses genoux et comblée de soins, et qui se croyait ainsi autorisée à lui adresser parfois quelques observations. Un jour que celle-ci lui reprochait une ré-

---

[1] Tampucci. — *Introduction aux Maximes d'Épictète.*

ponse inconvenante qu'elle avait faite à son père parce qu'il n'avait pas voulu céder à une de ses fantaisies, la jeune fille lui dit avec vivacité de ne pas se mêler de ce qui ne la regardait pas, et, sur une réplique de sa gouvernante, en vint à lever la main sur elle. La pauvre vieille recula tout effrayée, et, fondant en larmes, s'écria : « J'ai trop vécu pour me voir ainsi traitée. » A ces paroles, sa jeune maîtresse, dont le cœur était excellent, se jeta dans ses bras, en lui promettant de ne plus l'affliger; et comme elle avait aussi une piété sincère, elle y puisa la force de se surmonter peu à peu. On la voyait, lorsque quelquefois encore elle éprouvait un mouvement d'irritation ou d'impatience, porter rapidement le petit doigt à la bouche et se calmer aussitôt. On sut plus tard qu'elle avait pris secrètement la résolution de se mordre le petit doigt dès qu'elle se sentirait près de retomber dans ses anciens écarts, pour mettre en quelque sorte un frein instantané à son emportement, et par cette ferme vigilance sur elle-même elle devint une femme d'une douceur exemplaire.

Dans un pensionnat de Toulouse s'étaient trouvés réunis, il y a environ quarante ans, deux élèves du même âge et suivant les mêmes classes, mais de caractères fort différents, et que je désignerai seulement sous leurs prénoms d'Auguste et de Claude. Celui-ci était d'une humeur hargneuse, aimait à attiser les querelles par ses mauvais propos, ne contenait jamais son penchant à la dispute, et s'attaquait d'autant plus à Auguste, que son camarade, qui avait sur lui une incontestable supériorité physique et intellectuelle, n'opposait à ses provocations que beaucoup de calme et de sang-froid. Un jour que Claude l'avait, dans une récréation, poursuivi de ses quolibets, et n'avait obtenu pour toute réponse qu'un dédaigneux silence, dans son dépit, il se glissa sournoisement derrière lui et lui donna un croc-en-jambe qui le fit tomber de toute sa hauteur. Auguste se releva contusionné, et, en reconnaissant celui qui venait de l'assaillir si brutalement, fut sur le point de le souffleter ; mais il sut se contenir, et saisissant Claude d'un bras vigoureux, fit mine de le lancer en l'air, au milieu des éclats de rire de tous leurs camarades, et se contenta de le laisser retomber sur ses pieds, en lui prouvant ainsi qu'il aurait pu lui infliger une plus rude correction.

Auguste est devenu depuis général. Par sa calme énergie dans une bataille, où, en modérant l'ardeur de ses troupes, il a conservé une position avantageuse et attendu, de pied ferme, l'attaque de l'ennemi, pour le repousser et le mettre en fuite, il a puissamment contribué à une de nos victoires. Quant à Claude, il n'est parvenu qu'à être petit agent d'affaires, cherchant toujours à en faire sortir des contestations et des procès.

CHAPITRE XIII

ORGUEIL, VANITÉ — HUMILITÉ, MODESTIE

Aman, favori d'Assuérus. — Attila. — Le surintendant Fouquet. — Le fils d'un ouvrier et l'abbé Gautier. — Deux élèves d'une école communale de Paris. — L'archevêque Willigund. — Le bénédictin Mabillon. — Le général Cavaignac. — Le maréchal Niel. — MM. Ampère et Augustin Cauchy. — Le modeste collégien. — Le comte de Montalembert.

L'orgueil est, avec l'égoïsme, le vice principal de notre nature et une de nos grandes plaies sociales. Il a ses racines dans l'égoïsme; en effet, l'orgueil est aussi une idolâtrie de soi-même, car c'est par un excès de personnalité qu'on s'estime supérieur à ses semblables, qu'on se complaît arrogamment dans cette supériorité réelle ou prétendue, et qu'on met ses propres conceptions au-dessus de toutes les autres. Je ne suis pas comme le reste des hommes, voilà le premier cri de l'orgueil.

« Il consiste donc, comme l'a dit saint Thomas d'Aquin, à s'élever volontairement au-dessus de ce qu'on est[1]. » C'est aussi et surtout une révolte contre Dieu, dont l'orgueilleux méconnaît ou prétend égaler la sagesse, et voilà pourquoi la justice divine s'appesantit sur les peuples comme sur les individus qui se rendent coupables de cette audacieuse rébellion. Lorsque M. Blanqui, membre de l'Institut de France dans un rapport fait, en 1848, à l'Académie des sciences morales et politiques, écrivait ces lignes : « Nous savons maintenant ce que coûtent à l'honneur des empires et au repos des sociétés ces accès d'orgueil qui prennent quelquefois aux hommes, » ne prédisait-il pas la désastreuse situation faite à la France par la guerre de 1870? Et la même intuition de ce qui menaçait notre avenir ne se retrouve-t-elle pas dans ces paroles, que prononçait M. de Montalembert le 5 février 1852, lors de sa réception à l'Académie française : « L'orgueil est la grande maladie de notre pays et de notre époque. Nous vivons dans un temps infatué de lui-même... La grande leçon de nos jours, qui effraye en même temps qu'elle console, c'est Dieu qui la donne en confondant l'orgueil et la fausse sagesse des hommes. »

Jeunes gens, espoir de notre pays, profitez de cette *grande leçon* pour le relever par vos vertus civiques, et vous rétablirez le cours interrompu de ses grandes destinées, en évitant à la fois la présomption et le découragement.

« Si l'homme se vante, a dit Pascal, je l'abaisse; s'il s'abaisse, je le vante. » Paroles admirables qu'il faut répéter et pratiquer sans cesse selon l'expression

---

[1] *Somme théologique*, 2ᵉ partie, 162ᵉ question.

de M. Guizot, qui les cite dans un de ses ouvrages; et il ajoute : « A ceux qui encensent l'homme, qui se promettent de lui toutes choses et qui lui promettent toutes choses à lui-même; qui, poussés par l'orgueil, poussent l'homme dans l'orgueil, oubliant et lui faisant oublier les misères de sa nature, et les lois suprêmes auxquelles il est tenu, et les appuis dont il ne peut se passer, à ceux-là, je dis aussi avec Pascal : Si l'homme se vante, je l'abaisse[1]. »

L'orgueil engendre de nombreux défauts qui concourent aussi à la perversion du sens moral, et qu'a si exactement définis l'auteur des *Méditations pour chaque jour de l'année*, excellent moraliste qui n'est pas assez connu et étudié, que je ne saurais mieux faire que de reproduire ses paroles : « La témérité, la présomption, la vanité, le mépris des conseils d'autrui, la confiance aveugle dans ses propres idées, l'entêtement, la résistance à la vérité, sont les suites ordinaires de l'orgueil[2]. »

Un de nos vieux auteurs, Sainte-Palaye[3], avait déjà mis en relief les pernicieux effets de l'orgueil dans des comparaisons où la naïveté du style répond à la justesse de la pensée : « Si tu avais autant de possessions comme en avait le roi Alexandre, et de sens comme en avait le sage Salomon, et de chevalerie comme en avait le preux Hector de Troie, seul orgueil, s'il régnait en toi, détruirait tout. »

L'orgueil, en effet, aveugle l'esprit, endurcit le cœur, justifie les passions les plus déréglées, fait

---

[1] *De la Démocratie en France*, c. vii.
[2] Le P. Griffet. — *Méditation pour le 7 décembre*.
[3] *Mémoire sur l'ancienne chevalerie*.

perdre même aux vertus et aux bonnes œuvres leur mérite devant Dieu.

Une de ses manifestations les plus caractéristiques et les plus blâmables, c'est le mépris des pauvres et des petits ; c'est d'attacher son mérite à sa naissance, à son nom, à sa fortune ; c'est d'agir pour être loué.

L'histoire sainte nous présente une singulière personnification de l'orgueil dans Aman, qui, devenu le favori d'Assuérus, élevé au-dessus de tous les grands de son royaume, croyait n'être plus rien (c'est l'expression de la Bible) parce qu'un simple soldat de la garde du roi, le juif Mardochée, ne fléchissait pas le genou devant lui[1]. »

Au commencement du moyen âge, Attila, se vantant de ce que l'herbe ne pousserait plus partout où aurait passé son cheval, personnifie aussi l'orgueil dans son plus violent excès ; mais n'oublions pas que ce caractère altier s'est ensuite incliné devant l'autorité purement religieuse d'un pontife romain.

Fouquet, surintendant des finances sous Louis XIV, avait fait bâtir dans sa terre de Vaux, près Melun, un château princier où l'on voyait partout sa devise, un écureuil avec ces mots en latin : *Quo non ascendam ?* (Où ne monterai-je point ?) Cet emblème d'orgueil et d'ambition fut démenti par une chute éclatante, et Fouquet, dépouillé de ses biens, condamné au bannissement et subissant, par commutation de cette peine, un emprisonnement perpétuel dans la citadelle de Pignerol, dut se dire plus d'une fois : Jusqu'où suis-je descendu !

[1] *Esther*, c. III et IV.

Une fois, au cours que l'abbé Gautier faisait à Paris, sous le règne de Louis XVIII, pour de jeunes garçons, le fils d'un simple ouvrier, dans un mouvement d'orgueil, se montra humilié de la profession de son père. L'abbé Gautier ne dit rien; mais, quelques instants après, il appelle l'enfant au tableau et lui donne à analyser cette phrase : *Celui qui rougit de ses parents s'expose à rougir aussi un jour de lui-même.* L'enfant baissa la tête, ses yeux se remplirent de grosses larmes, et il put à peine balbutier l'analyse de la phrase. Cette leçon si bien ménagée avait produit son effet.

Dans une école communale de Paris, deux jeunes garçons annonçaient des dispositions à l'orgueil, d'un caractère tout différent, que leur maître avait en vain tenté de réprimer et qui les mettaient mal avec leurs camarades. L'un, qui avait beaucoup d'intelligence et de mémoire et qui était presque toujours le premier de sa classe, se croyait déjà un petit génie, raillait sans cesse et appelait imbéciles ses condisciples moins heureusement doués que lui, et aspirait d'avance à de hautes destinés. L'autre s'enorgueillissait de sa grande vigueur corporelle, dédaignait comme une sorte de pygmée, parce qu'il le terrassait sans peine, son camarade si infatué de sa capacité, et prétendait sottement que la force matérielle était tout dans ce monde.

Voici ce qu'il advint de ces deux orgueilleux. Le premier, après sa sortie de l'école, et lorsqu'il avait refusé d'apprendre un état manuel qu'il regardait comme au-dessous de lui, fut atteint d'une fièvre typhoïde qui altéra tellement ses facultés, qu'il ne fut plus capable que de faire des copies pour des huissiers. Le second, ayant un jour provoqué témérairement à une lutte un jeune homme plus petit que lui, mais qui avait plus de force musculaire et d'adresse, fut renversé à terre, se cassa la jambe et resta estropié toute sa vie.

La modestie et l'humilité, vertus éminemment chrétiennes, sont aussi des vertus sociales par cela seul qu'elles excluent la présomption, l'excessive confiance en soi-même, la vanterie et les fanfaronnades, qui peuvent perdre les nations comme les individus. « Les dispositions pacifiques et de mansuétude sociale, a dit M. de Montalembert, découlent aussi de l'humanité [1]. » Elle a, sous ce rapport, une action d'autant plus bienfaisante, qu'elle se confond avec le sentiment de la vraie fraternité des hommes, en nous portant à traiter nos égaux avec les mêmes égards que s'ils étaient nos supérieurs, et nos inférieurs comme étant nos égaux devant Dieu.

Être humble, c'est se mettre à sa place en présence de Dieu. Franklin, lorsqu'il composa un tableau des treize qualités essentielles dont il voulait acquérir l'habitude, y plaça l'humilité, en recommandant d'imiter Jésus-Christ.

Il y a une nuance entre la modestie et l'humilité : celle-ci suppose la conviction religieuse, est une vertu plus intime et profonde; celle-là, qui n'a pas nécessairement sa source dans la foi religieuse, est plus extérieure et apparente. Nous exprimons cette nuance quand nous disons : une *conscience*, un *cœur* humble, — un *caractère*, un *maintien* modeste.

---

[1] *Discours prononcé, le 17 janvier 1850, à l'Assemblée législative.*

L'humilité repose essentiellement sur la défiance de soi-même et la confiance en Dieu.

Tout en nous défiant de nos propres forces, pensons à l'infinie bonté de Dieu pour y chercher un appui, et le sentiment de notre impuissance, qui pourrait nous abattre si nous ne jetions les yeux que sur nous, nous relèvera quand nous les tournerons vers Dieu. Inspirons-nous de cette admirable parole de saint Paul : « Je puis tout en Celui qui me fortifie, » parole si bien développée par le pape saint Léon le Grand[1] : « Rien n'est difficile aux humbles. Celui qui est véritablement humble est en même temps magnanime; il est courageux, hardi à entreprendre de grandes choses; rien ne lui paraît impossible, parce que ce n'est pas en lui-même, mais en Dieu, qu'il met sa confiance. »

Dans le monde on se méprend quelquefois sur l'humilité en lui attribuant une certaine faiblesse de cœur et d'esprit, tandis que la véritable humilité tient le milieu entre l'orgueil et la pusillanimité, et n'exclut pas une juste fierté de caractère.

Une fausse humilité n'est pas moins condamnable que l'orgueil, car elle n'en est souvent que le masque, et c'est toujours de l'hypocrisie. Il n'y a pas de moralistes qui aient flétri avec plus d'énergie que les auteurs sacrés les faux semblants d'humilité. Écoutez saint Bernard : « Malheur à ceux qui font de la piété un déguisement et un trafic, qui tournent à l'intérêt d'une vaine gloire ce qu'ils n'ont reçu que pour le faire servir à celui de la gloire de Dieu, et chez lesquels l'élévation de l'esprit ne s'accorde pas avec l'humilité

---

[1] *Sermo V de Epiph.*

du cœur¹ ! » Saint Jérôme et saint François de Sales se rencontrent dans l'expression du même sentiment : « Il est aisé, dit le premier², de pencher la tête, de baisser les yeux, de s'appeler pécheur ou pécheresse; mais qu'il y a souvent d'orgueil caché sous ces trompeuses apparences! » — « La vraie humilité, dit le second, ne fait pas semblant de l'être et ne dit guère de paroles d'humilité... Ne baissons jamais les yeux qu'en humiliant nos cœurs³. »

A l'époque du moyen âge, un archevêque de Mayence, nommé Willigund, à qui sa haute position attirait souvent des compliments flatteurs, fit peindre à l'entrée de toutes les chambres de son palais épiscopal une roue de voiture avec cette inscription : « Souviens-toi, ô Willigund, de quelle maison tu es sorti. » — Il était le fils d'un charron⁴.

Lorsque le bénédictin Mabillon, qui était né dans les Ardennes, fut présenté à Louis XIV, par l'archevêque de Reims, comme le *religieux le plus savant du royaume*, il mérita d'entendre ce mot de la bouche de Bossuet : « Ajoutez, et *le plus humble*. »

Bourdaloue prêcha la station du carême à Rouen, en 1677, avec un grand succès. Un autre orateur de la même compagnie, le P. d'Harrouis, dit à Ménage avec une piquante modestie : « Lorsque le P. Bourdaloue a prêché à Rouen, les artisans quittaient leurs boutiques pour aller l'entendre; les marchands, leur

---

¹ *De Ord. vitæ et moribus institut.*, c. vii.
² Cité par le P. Griffet. — *Méditation pour le 2 août.*
³ *Introduction à la Vie dévote*, l. III, c. v.
⁴ *Catéchisme historique*, par Schmid, traduit de l'allemand par M. l'abbé Bélet, t. III, p. 407.

négoce; les avocats, le palais; les médecins, leurs malades, qui s'en trouvaient mieux; mais pour moi, quand j'y prêchai ensuite, je remis toute chose dans l'ordre; personne n'abandonna son emploi[1]. »

Une grande illustration militaire et politique de notre siècle nous présente un noble exemple d'humilité chrétienne. « Au moment où le général Cavaignac (qui a été le président de la république française en 1848) achevait sa carrière publique, sa mère, à laquelle il ne devait lui-même presque pas survivre, expirait avec l'espérance que donne la foi, laissant à son fils un testament, suprême expression de piété religieuse, de tendresse et de reconnaissance... Après avoir exhorté, béni son fils une dernière fois, elle conjurait le P. de Ravignan de le sauver comme il l'avait sauvée elle-même. Le général, docile à des intentions si chères, donna rendez-vous au religieux, et voulut faire lui-même la lecture des dernières volontés de sa mère; il lui promit tout dès lors, et peu de temps après il alla s'agenouiller aux pieds du confesseur de sa mère[2]. »

La même trempe de caractère s'est retrouvée dans un maréchal de France qui a bien manqué à notre pays à la fin du dernier empire. On raconte que le maréchal Niel, dans une réception à Toulouse, aperçut au fond du salon les frères des Écoles chrétiennes, modestement dissimulés derrière une foule d'autorités plus chamarrées. Il les appela en leur disant :

---

[1] Poignot. — *Predicatoriana*, p. 257.
[2] *Vie du R. P. Xavier de Ravignan*, par le P. A. de Ponllevoy, t. II, c. xix.

« Approchez, mes frères, mes premiers maîtres, vous à qui je dois tant et de si bonnes choses[1]. »

J'ai connu deux membres de l'Académie des sciences que l'estime européenne a mis au nombre des plus éminents savants de notre siècle, MM. Ampère et Augustin Cauchy, et dont la parfaite modestie était le reflet de leur humilité chrétienne. M. Ampère éprouvait un visible embarras lorsqu'on faisait devant lui l'éloge de ses travaux, et disait qu'on devait en reporter le mérite à celui qui les avait inspirés, et que l'Écriture sainte appelle le *Dieu des sciences.* C'est lui aussi qui, dans une lettre adressée de Paris, en 1805, à son intime ami J. Bredin, lui disait : « Ces savants si fiers de leurs connaissances, que sont-ils auprès de l'âme simple à qui Dieu se révèle[2]? » Un biographe de M. Cauchy a ainsi tracé ce qu'il appelle la *physionomie de son âme :* « Elle avait pour traits principaux la simplicité et la modestie. Dans ses actions il n'y avait rien de faux ni d'emprunté; tout reposait sur le fondement d'une piété solide. Il avait sans doute la conscience de son mérite et de l'importance de ses découvertes; mais s'il en parlait, c'était plutôt avec naïveté qu'avec orgueil[3]. »

Un membre non moins éminent de l'Académie des sciences, et qui est une des gloires de la chimie moderne, M. Dumas, en présidant à Paris, le 13 août 1862,

---

[1] M. Denis Cochin. — *Rapport fait, le 15 décembre 1876, à l'Assemblée générale de l'œuvre du vénérable de la Salle.*

[2] *Correspondance et souvenirs d'André-Marie Ampère et de Jean-Jacques Ampère,* t. I.

[3] *La Vie et les travaux du baron Cauchy,* par C. A. Valson, professeur à la faculté des sciences de Grenoble, t. I, p. 249.

la distribution des prix du lycée Louis-le-Grand, et après avoir exhorté ses jeunes auditeurs à être « fidèles, dans la conduite de la vie, à l'humble pratique des vertus chrétiennes », leur a rappelé les travaux immortels de Galilée, Newton, Pascal, Lavoisier, Buffon, Linné, Jussieu et Cuvier. Puis il a ainsi continué son discours : « La fréquentation de ces rares génies vous rendra à la fois humbles pour vous-mêmes et pour l'humanité, dont ils sont pourtant l'honneur; car à chaque vérité nouvelle dont ils ont dérobé le secret à la création, ils reconnaissent qu'une vérité plus cachée, plus haute, plus redoutable, s'est dressée devant eux, inaccessible et fermée... Ce ne sont pas ces rares génies, mais leurs stériles commentateurs qui s'écrient avec l'orgueil des petits esprits : En quoi l'œuvre de l'homme le cède-t-elle à l'œuvre de Dieu? »

De ces hauteurs de la vraie science s'exprimant en un si noble langage, descendons au simple récit d'actes de modestie accomplis dans les rangs de cette jeunesse à laquelle s'adressait l'illustre savant.

Un jeune collégien qui, par une rare aptitude et un travail assidu, avait une fois remporté tous les premiers ou seconds prix de sa classe, après avoir offert sa première couronne à son père, alla faire hommage des autres à son professeur, en disant qu'il avait eu seulement le mérite de bien retenir les enseignements de son maître, et que c'était à lui qu'il devait ses succès. Sa modestie était si sincère, que, bien qu'il reçût souvent des éloges et des récompenses exceptionnelles, il n'excita jamais la jalousie d'aucun de ses camarades. Un jour, ayant fait, sur ses menus plaisirs, une économie de cinquante francs, il proposa à quelques-uns de ses condisciples de se réunir à lui pour doubler cette somme par leurs offrandes et consacrer le total à la mise en apprentissage d'un jeune garçon pauvre qui ne pouvait être placé qu'à cette condition. Les cent francs ayant été promptement recueillis, il fit en sorte qu'ils fussent remis au nom de tous, par un des souscripteurs, qui était du nombre des externes. Le directeur du collège eut connaissance de cette bonne action par le père du jeune apprenti, en félicita ceux qui y avaient concouru, et voulut savoir qui en avait pris l'initiative et comment on avait pu y affecter une somme relativement considérable pour le petit nombre de ceux qui y avaient participé. Le charitable et modeste collégien garda le silence, et laissa croire que la pensée de la souscription émanait de son camarade qui en avait porté le montant, et que tous y avaient presque également contribué.

Si nous sommes vraiment humbles et modestes, nous éviterons aussi un défaut qui dépare quelquefois d'estimables qualités, et qu'on pourrait appeler *la petite monnaie de l'orgueil,* la vanité. Elle se complaît dans des avantages étrangers à nous-mêmes, dans le goût immodéré des louanges, dans tout ce qui flatte l'amour-propre. Si elle n'a pas l'enflure et l'arrogance de l'orgueil, elle accuse un esprit plus étroit, et prête plus au ridicule par ses prétentions. « Les esprits bien faits, a dit saint François de Sales, ne s'amusent pas à ces bagatelles de rangs, d'honneurs et de respects ; ils ont d'autres choses beaucoup meilleures à faire. C'est le propre des esprits bas et oisifs de s'y arrêter. Qui peut avoir des perles ne se charge guère de coquilles[1]. » Gardons-nous donc de nous rapetisser par la vanité ; élevons nos cœurs et nos pensées au-dessus de ses frivoles illusions ; rappelons-nous que la simplicité est une marque de la noblesse du caractère, et l'estime publique nous placera au rang dont nous sommes véritablement dignes.

Le comte de Montalembert était enclin, dans sa jeunesse, à la vanité. Dans une lettre adressée, en 1827, à un de ses meilleurs amis, il en fait l'aveu avec tant de franchise et un si ferme désir de s'en corriger, que l'on comprend comment il n'a jamais, plus tard, laissé soupçonner qu'il eût été atteint de ce défaut, et que nous apprendrons ainsi comment on peut le dompter. « De tout côté il me revient que je suis d'une vanité insupportable, que je n'ai pas la moindre modestie. Veille sur moi, je t'en prie : c'est le devoir d'un véritable ami. Ne me passe pas un seul trait vaniteux ; avertis-moi, je t'en conjure. Plus tu me gronderas, plus je te regarderai comme mon ami ; car j'espère bien que je sais entendre du moins la vérité[2]. »

[1] Marsoller. — *Vie de saint François de Sales*, l. VIII, c. x.
[2] Le comte de Montalembert. — *Lettres à un ami de collège*, p. 9.

CHAPITRE XIV

AMOUR DE LA GLOIRE — AMBITION — ENVIE DE S'ÉLEVER
AU-DESSUS DE SA CONDITION

Thémistocle. — Fabert. — Jean Bart. — Louis Brune.
— Le pape Clément IV. — Les deux fils d'un fermier normand. —
Jeanne d'Arc.

C'est avec intention que je rapproche dans ce chapitre le désir légitime et le désir immodéré de la gloire, une passion généreuse, avouée par la morale, et une qu'elle condamne, afin de mieux faire ressortir les contrastes qui les séparent, et qu'en cherchant à illustrer son pays et son nom on ne laisse pas dégénérer en vice une inclination vertueuse.

L'amour de la gloire, quand il naît de l'enthousiasme du bien ou du patriotisme, qu'il s'inspire du dévouement à la patrie ou à l'humanité, est un élan de l'âme vers le meilleur. Alors « il n'est autre chose, comme l'a dit Ballanche[1], que l'instinct d'une grande

---

[1] *Fragments*, recueil d'articles publiés dans divers journaux.

âme qui pressent son immortalité. » Alors il enfante les grandes qualités, les grandes actions, les ouvrages d'un ordre supérieur, et c'est ainsi qu'on peut l'appeler une *noble ambition*.

Lefranc de Pompignan a consacré la noble et nécessaire alliance de la gloire avec la vertu dans ce beau vers de sa tragédie de *Didon* :

La gloire n'est jamais où la vertu n'est pas.

Il nous est permis de ne pas nous désintéresser de l'estime publique et du soin de notre réputation, d'avoir aussi pour mobile l'honneur du nom de la famille; car ce sont des sentiments généreux qui se concilient avec la pureté du caractère et d'une action héroïque. Mais il ne faut pas confondre avec l'amour de la gloire le désir de la célébrité, qui est empreint d'un sentiment tout personnel. Il ne s'accorde pas avec la paix du cœur, avec l'élévation du caractère : c'est une corruption de l'amour de la gloire.

M. Arnault, qui a été membre de l'Académie française, a bien caractérisé les différences qui existent entre la célébrité, l'honneur et la gloire : « La célébrité s'attache même aux mauvaises actions; l'honneur ne s'obtient que par des actions louables; la gloire, en faisant plus et mieux que tout le monde. »

M. de Lamartine, dans son ouvrage qui a pour titre : *Le Manuscrit de ma mère*, nous a fait connaître avec quelle élévation de cœur cette mère vraiment chrétienne appréciait le renom glorieux que la publication des premières poésies de son fils commençait à lui faire. « Lorsque, à la lecture des premières *Méditations*, la France et l'Europe prononcèrent ce mot de gloire qui enivre les mères plus encore que les enfants, Mme de Lamartine fut assez chrétienne pour résister à cette ivresse. « Vous savez, mon Dieu, que je suis bien fière de ces accueils inattendus faits à mon enfant; mais vous savez aussi que je ne vous demande pas pour lui ce que le monde appelle la gloire et les honneurs, mais d'en faire un honnête homme et un de vos serviteurs comme son père; le reste est vanité, et souvent pis que vanité. »

En parlant de l'amour de la gloire dans sa noble expansion, pourrais-je ne pas rappeler le mot, quelque connu qu'il soit, de l'Athénien Thémistocle? Depuis que, jeune encore, il s'était signalé par son courage à la bataille de Marathon, où commandait Miltiade, il répétait souvent : « Les trophées de Miltiade m'empêchent de dormir. » C'était le cri d'une âme généreuse qui, transportée d'une patriotique émulation, aspirait à la gloire de sauver son pays.

La France nous présente un modèle accompli du plus pur amour de la gloire dans Abraham Fabert, fils d'un imprimeur-juré de Metz et qui devint le maréchal Fabert. En 1613, à peine âgé de quatorze ans, en se présentant, avec une résolution virile, au capitaine des gardes françaises de Campagnol, il obtint de lui d'être admis dans ce corps d'élite, et reçut bientôt le glorieux surnom de *Quêteur de coups de mousquet.* « Mais, a dit son premier biographe [1], il ne rechercha jamais la fausse gloire, et en tout temps la véritable fut l'objet de ses soins. L'honneur et le devoir étaient les seuls mobiles qui le faisaient agir. »

Courtilz de Sandras.

Quel admirable type de l'amour de la gloire, uni à celui de la patrie, nous trouvons aussi dans Jean Bart, ce héros plein de simplicité, montant le premier, le 29 juin 1694, à l'abordage du vaisseau amiral d'une escadre hollandaise à travers les décharges de l'artillerie, forçant le capitaine à se rendre prisonnier, et reprenant une centaine de bâtiments français chargés de blé, qui venaient d'être capturés par l'ennemi!

Gardons-nous de confondre l'ambition avec l'amour de la gloire.

« L'ambition, a dit Massillon[1], est un désir insatiable de s'élever au-dessus et sur les ruines mêmes des autres. » Elle se joue donc et du devoir et du droit, et, comme toutes les passions effrénées, elle ne recule devant aucun moyen pour atteindre le but de ses convoitises, les honneurs, l'éclat de la fortune, le pouvoir. Qui a mieux caractérisé que Camoëns, le grand poëte portugais, l'opposition qui existe entre l'ambition et l'amour de la gloire : « Ambition, le vulgaire ébloui te prend pour la gloire, et tu n'en es que le fantôme[2]. »

L'ambitieux ne jouit pas du présent, parce qu'il aspire sans cesse à un plus grand avenir, et une inquiète préoccupation se mêle toujours à ses satisfactions passagères. C'est la pensée qu'exprimait, dans une lettre du 15 mai 1860, le jeune et brillant officier de marine dont j'ai déjà parlé, que la mort a enlevé à sa famille et à ses amis au moment où il revenait en France : « Ne demandons au travail que ce qu'il doit naturellement nous donner, et défions-nous de l'am-

---

[1] Sermon pour le 1er dimanche de carême.
[2] *Les Lusiades*, c. iv.

bition. Si elle s'empare de nous, c'en est fait de notre bonheur; la vie devient un enfer[1]. »

Loin de moi la pensée, qui ne serait ni légale ni chrétienne, de dénier à ceux qui y sont appelés par un génie naturel, une grande capacité, les efforts et les succès d'un travail honorable, le droit de s'élever à une condition supérieure à celle où ils sont nés. Mais cela ne peut être, il faut bien le reconnaître, que des exceptions, et en général c'est l'aveuglement de l'amour-propre, la vanité, l'amour excessif du gain, qui poussent les enfants à dédaigner la profession de leur père pour tâcher de parvenir à une plus haute situation. Trop souvent aussi ce sont les parents eux-mêmes qui ont la faiblesse et le tort de favoriser cette blâmable disposition de leurs enfants à déserter la carrière paternelle pour courir les chances d'une plus brillante destinée. Mais combien il en est qui échouent dans cette poursuite aventureuse, pour tomber plus bas, si même ils ne deviennent les fléaux de leur famille et de la société! Un sentiment plus vil encore, l'envie, engendre quelquefois ces ardentes convoitises, et elle devient alors un péril social par le désir effréné de dépasser, même en les écrasant, ses égaux aussi bien que ses supérieurs, et fût-ce par le renversement des institutions du pays.

Il y a quelques siècles, selon la judicieuse remarque de Mme de Challié[2], « on rencontrait moins fréquemment l'ambition de s'élever au-dessus de sa condition, que la jalousie légitime d'en maintenir les droits et les

---

[1] *Lettres d'un marin*, correspondance d'Eugène Monet de la Marck.
[2] *Essai sur la liberté*, etc., 2e partie, c. II, § 3.

libertés. Chacun avait en quelque sorte la fierté de son état, parce que chacun y retrouvait, avec le devoir et l'honneur, le sentiment de sa dignité personnelle. »

Des exemples vont venir à l'appui des pensées que j'ai émises, et en voici un d'abord qui prouve comment il est permis et même louable de s'élever quelquefois au-dessus de sa condition.

Louis Brune, né en 1807, à Rouen, avait neuf ans lorsqu'il perdit son père, qui était chargeur pour le roulage; sa mère restait veuve avec quatre enfants dont il était l'aîné. Il fut placé dans une manufacture où il ne gagna d'abord que six sous par douze heures de travail; il y resta sept ans, après avoir mérité des augmentations progressives de salaire, et ne cessa pas de donner des soins à ses frères, presque toujours malades. Il servit ensuite, pendant quatre années, un homme charitable qui s'était engagé à nourrir et soigner la mère et les frères de son serviteur, et puis il travailla successivement à construire des pilotis et à déblayer, comme plongeur, le lit de la Seine. Ce travail étant bien payé, on ne manqua plus de rien dans la famille, et Louis Brune devint propriétaire.

En 1843, à l'entrée d'un pont suspendu qui joignait, à Rouen, les deux rives de la Seine, on remarquait une petite maison d'un goût simple et sévère, portant sur sa façade une table de marbre avec cette inscription : *A Louis Brune, la ville de Rouen.* Cette maison avait été élevée aux frais de la ville, comme témoignage de reconnaissance pour une longue série d'actes de courageux dévouement. Louis Brune avait déjà, en 1840, sauvé la vie à plus de quarante personnes, hommes, femmes, enfants, vieillards, arrachés par lui à une mort certaine[1].

Un pape, que ses vertus et un esprit supérieur avaient élevé au trône pontifical, nous apprend à ne pas rougir de la modeste condition dans laquelle nous sommes nés, et à ne pas l'abandonner pour des visées ambitieuses.

Guy de Foulque, né en France à Saint-Gilles-sur-le-Rhône, quand 'l fut élu pape sous le nom de Clément IV, écrivit à son neveu Pierre Legros : « Plusieurs se réjouissent de notre promotion, mais nous n'y trouvons matière qu'à la crainte et aux larmes. Vous en devez être vous-même plus humble... Ne cherchez pas à marier votre sœur plus avantageusement en conséquence de ce qui nous est arrivé. Si vous la mariez au fils d'un simple chevalier, nous nous proposons de lui donner trois cents livres tournois d'argent. Si vous l'élevez au-dessus de sa condition, n'attendez pas de moi un seul denier. Il en sera de même de tous nos proches, dont aucun ne doit se prévaloir de notre élévation. »

Deux faits qui remontent à peu d'années, et qui sont à ma connaissance personnelle, mettent en lumière le danger qu'il y a à vouloir s'élever inconsidérément au-dessus de sa condition.

Un petit fermier normand, par un travail opiniâtre et une intelligente application des progrès agricoles, avait acquis une honorable aisance. Au lieu de garder chez lui ses deux fils après leur sortie de l'école communale et d'en faire ses aides d'abord, puis ses

---

[1] Extrait du journal *la Presse*, n° du 29 décembre 1843.

successeurs, pour la culture des terres, il les plaça dans le collège d'une ville voisine pour leur donner une instruction classique. Lorsqu'ils eurent terminé leurs études, ils trouvèrent au-dessous d'eux l'état de leur père, et n'eurent pas de peine à le persuader qu'ils étaient à même de suivre avec succès une carrière libérale. Tout fier d'avoir des fils qui auraient une position supérieure à la sienne, l'imprudent fermier plaça l'un petit clerc chez un huissier, et l'autre commis libraire à Paris.

De douloureux mécomptes étaient réservés à son aveuglement paternel. Le commis libraire, ayant voulu s'élever plus haut, acquit un fonds de librairie à des conditions onéreuses, ne put pas satisfaire à ses engagements, fut mis en faillite, et se trouva heureux de pouvoir se réfugier chez son père, où il traîna une existence misérable, n'ayant ni goût ni aptitude pour les travaux agricoles. La destinée de son frère fut encore plus lamentable. Il était devenu premier clerc dans l'étude d'huissier où il avait été placé, et y avait été chargé de l'encaissement des fonds; mais il voulut marcher de pair avec des jeunes gens plus riches que lui et ayant le goût des plaisirs, dépensa follement, en leur compagnie, beaucoup d'argent dans des cafés et des parties de jeux, et, se voyant poursuivi pour des dettes de plusieurs milliers de francs, puisa, pour les éteindre, dans la caisse de son patron. Ces détournements furent découverts, constatés par une enquête judiciaire, et le clerc infidèle, traduit en cour d'assises, fut condamné à cinq années d'emprisonnement; encore n'échappa-t-il à une peine plus sévère que grâce à l'indulgence du jury, qui admit des circonstances atténuantes par égard pour son jeune âge et la bonne réputation de son malheureux père.

Que de gens qui auraient pu et dû continuer honorablement la profession paternelle, se sont ainsi trouvés déclassés par leur faute, incapables de réaliser les rêves de leur vanité, et sont tombés dans la misère ou même dans le déshonneur!

Pourrais-je offrir à mes lecteurs un meilleur enseignement que celui qui leur est donné par une des gloires les plus pures de la France? Ils connaissent déjà les principaux traits de la patriotique histoire de Jeanne d'Arc; mais peut-être ne savent-ils pas qu'elle eût mieux aimé rester simple bergère dans son village, et que c'est seulement par obéissance à la voix divine qui lui ordonnait de courir à la défense de son pays et de son roi qu'elle fit le sacrifice de son humble existence. « J'aurais bien mieux aimé, disait-elle, filer auprès de ma pauvre mère, car ce n'était pas mon état d'aller guerroyer; mais Dieu commandait, il fallait obéir. » Le 14 juillet 1429, jour où Jeanne d'Arc fit sacrer à Reims le dauphin, qu'elle y avait conduit, fut le plus beau jour de sa vie; elle se souvint, ce jour-là, de son métier de bergère, et elle souhaitait de le recommencer. « J'ai achevé, disait-elle à ses compagnons d'armes, ce que le Seigneur m'a commandé, de faire lever le siège d'Orléans et de faire sacrer le gentil roi. Je voudrais qu'il voulût me faire ramener auprès de mes père et mère, garder leur bétail, et faire ce qui était mon métier[1]. »

---

[1] Extrait de *l'Histoire de France racontée à mes petits-enfants*, par M. Guizot, t. II.

CHAPITRE XV

EMPLOI DE LA VIE ET DU TEMPS — LE TRAVAIL

Placide le paresseux. — Inscription sur un banc de pierre de Clairvoix. — Jésus-Christ et la sainte Vierge. — Le moine Théodule. — Les Esquimaux. — Inscription sur la maison de Jeanne d'Arc. — Zèle d'enfants de la commune d'Herry pour leur instruction. — Une salle d'école d'apprentis orphelins. — David Livingstone. — Le Breton Juhel Renoy. — Le Hollandais Antoine Van Hoboken. — J.-J. Grangé. — Le président Lincoln. — L'ouvrier Dubuisson. — Philippe de Champagne. — M. Berthelot et la compagnie des bateaux à vapeur du Nord.

Il y a longtemps qu'on a dit : La vie n'est qu'un passage. Le tout est de bien accomplir ce passage; car Dieu nous a donné la vie pour mériter le ciel, le temps pour en faire un bon emploi, et nous ne réaliserons cette double condition que si nous rendons notre courte existence utile à nous-mêmes et aux autres.

Ceux qui ne songent qu'à jouir de la vie et ceux qui ne la considèrent que comme une pénible épreuve sont également dans l'erreur. Comme l'a dit Alexis de Tocqueville[1], « la vie n'est pas un plaisir ni une dou-

---

[1] *Œuvres et correspondances inédites.* — 1860.

leur; c'est une affaire grave dont nous sommes chargés, et qu'il faut conduire et terminer à notre honneur. » Une jeune femme dont le noble cœur s'est révélé, depuis sa mort, dans les récits intimes d'une sœur, a exprimé un sentiment analogue avec une pieuse délicatesse : « La vie ne peut jamais être tout à fait heureuse, parce qu'elle n'est pas le ciel, ni tout à fait malheureuse, parce qu'elle en est le chemin [1]. »

Envisagée sous un autre aspect, la vie est une grande et sérieuse expérience par les enseignements qu'elle nous donne pour régler notre conduite; et comme nous profitons peu cependant de cette expérience! Que d'erreurs commises chaque jour, et dans lesquelles nous retombons le lendemain! Sachons donc tirer parti de nos fautes et de celles dont nous sommes témoins, pour ne pas faire de nouvelles chutes.

Franklin, un de ceux qui ont le mieux connu et mis en pratique le prix du temps, en avait fait un des treize préceptes de sa morale usuelle : « Ne perdez pas le temps; occupez-vous toujours de quelque objet utile. »

Le temps est de l'argent, proverbe anglais qui ne doit pas être pris à la lettre, dans une signification purement mercantile, mais qui exprime toute la valeur du temps comme moyen d'acquérir à tous les points de vue. En d'autres termes, il y a profit pour les intérêts de l'âme et de l'intelligence, comme pour les intérêts pécuniaires, à bien employer le temps.

Je ne m'étendrai pas sur les dangers et les funestes conséquences de l'oisiveté; on les aura maintes fois

---

[1] Lettre d'Eugénie de la Ferronnays, insérée dans *le Récit d'une sœur*, par Mme A. Craven.

signalés à mes jeunes lecteurs, et plus d'un parmi eux aura sans doute expérimenté un des moindres inconvénients du désœuvrement, l'ennui, qui souvent désenchante les vacances elles-mêmes ou les longs congés, lorsqu'on ne sait pas les bien employer.

Si l'ennui, quelquefois même un certain dégoût de la vie, naissaient seuls de la perte et de l'abus du temps, on pourrait taxer d'exagération les anathèmes lancés contre la fainéantise; mais ne conduit-elle pas aussi à l'avilissement du caractère, à la dépravation du cœur, aux plus coupables excès? Comme l'a dit un éminent moraliste contemporain que j'aime à citer, parce qu'il m'a été donné de le connaître et de le vénérer dans l'intimité[1], « combien de vices et même de crimes on ferait disparaître, si l'on parvenait à bannir l'oisiveté! »

Est-il rien de plus affligeant, pour l'honneur des familles et le bien du pays, que de voir des jeunes gens, quelquefois portant un nom illustre, dissiper les plus années de leur vie, leur fortune, leur considération, dans les plus stériles frivolités, si même elles ne sont pas scandaleuses? Je ne doute pas que ceux auxquels s'adressent mes conseils ne soient aujourd'hui convaincus des vérités que je remets sous leurs yeux; mais je leur demande de rester fidèles à cette conviction en devenant plus tard des hommes occupés et utiles.

Un excellent recueil hebdomadaire que j'ai déjà cité, *les Petites Lectures,* vient de publier une histoire de *Placide le paresseux,* qui est un tableau aussi inté-

---

[1] M. Droz. — *Essai sur l'art d'être heureux.*

ressant que réel des fautes et des malheurs auxquels on peut, même avec un fonds d'honnêteté, être entraîné par la fainéantise. Je me borne à en reproduire la conclusion.

Placide, fils d'un honorable cultivateur, avait été paresseux depuis sa huitième jusqu'à sa philosophie, et avait compté, pour se dispenser du travail, sur la fortune que lui laisserait son père. « Après avoir été grondé toute son enfance, s'être ennuyé toute sa jeunesse, avoir passé son âge mûr dans la honte de la fainéantise et l'abrutissement des cafés, après avoir abreuvé de chagrin et conduit à une mort prématurée sa femme et sa fille, après avoir plongé ses enfants dans la détresse, il est tombé lui-même dans une telle pénurie, qu'il a été trop heureux d'accepter, grâce à un ancien camarade, une place à Sainte-Perrine[1].

« Il a conservé une bonne qualité : il reconnaît qu'il a fait fausse route; loin de chercher à se justifier, il s'accuse constamment. Il voudrait que son exemple servît au moins à de plus jeunes, et c'est lui qui, en racontant son histoire au médecin de l'établissement, lui disait : « Ne craignez pas de le proclamer, docteur, la paresse mène à tout. Moi qui n'étais pas méchant, moi qui étais entré dans la vie avec tous les éléments humains de bonheur, j'ai été le bourreau de ma famille, j'ai été et je suis on ne peut plus misérable, et tout cela... parce que j'ai été paresseux[2]. » Contractons de bonne heure le goût et l'habitude du travail, et il sera pour nous le meilleur préservatif contre les maux et les remords qu'entraîne l'oisiveté.

[1] Maison de retraite près Paris.
[2] *Les Petites Lectures*. — 23ᵉ série, 1873.

Notre faiblesse y trouvera un soutien, notre mollesse un remède, notre existence sa dignité.

C'est aussi par le travail que se mérite le repos. On est surtout en droit de passer dans une honorable quiétude les dernières années de sa vie, lorsqu'on l'a d'abord remplie par d'utiles labeurs. On trouve, non sans quelque surprise, l'expression de cette pensée inscrite sur un banc de pierre placé vers le milieu d'un coteau de Clairvoix, près Compiègne, et d'où on a un beau point de vue sur les environs. Une main inconnue a gravé ces mots sur le banc : *Il n'y a de repos dans la vie que pour ceux qui ont travaillé.*

Le travail est, avant tout, l'accomplissement d'un devoir universel, un précepte religieux imposé à l'humanité tout entière. Des théologiens éminents n'ont pas craint de dire que lorsque le travail s'exécute dans le temps où il nous est prescrit par le devoir, il est une occupation plus sainte et plus méritoire que la prière[1], en ce sens qu'en nous livrant à un travail obligatoire, nous rendons un meilleur culte à Dieu que si nous négligions ce travail pour la prière.

Le labeur le plus ingrat, s'il est entrepris avec une intention religieuse, devient plus facile et plus léger. « Rappelons toujours, a dit M. de Lamartine, la pensée à Dieu; donnons cette seule fin digne de l'homme à son travail moral comme à son travail industriel[2]. »

Cette grande loi du travail nous a été enseignée par l'exemple de Jésus-Christ lui-même.

---

[1] V. notamment les *Méditations du P. Griffet.* — Méditation, pour le 26 mai, *sur le mérite attaché à la pratique de son état.*

[2] Lettre à M. Calmels, du 13 septembre 1838, insérée dans le numéro 17 de *l'Éducateur.*

« Jésus, a dit Bossuet, en s'abaissant dans l'humilité d'un art mécanique, a relevé le travail des hommes... Jésus, fils d'un charpentier, charpentier lui-même, était connu par cet exercice, sans qu'on parle d'aucun autre emploi. On se souvenait, dans son Église naissante, des charrues qu'il avait faites, et la tradition s'en est conservée dans les plus anciens auteurs[1]. »

Mgr Sibour, archevêque de Paris, a noblement aussi montré cette glorification du travail dans la vie laborieuse du Christ. « Le fils de l'Éternel, pauvre et nécessiteux, gagnant son pain à la sueur de son front, façonnant le bois dans l'atelier de Nazareth, quelle glorification du travail, et non seulement du travail de l'esprit et de la pensée, mais encore du travail matériel, du travail des mains! Qui donc osera se plaindre, après cela, d'une vie laborieuse? Et n'y aurait-il pas une sorte d'impiété à mépriser ce qui a été estimé et sanctifié par le Fils de Dieu[2]? »

Une antique tradition, attestée par les plus anciens Pères de l'Église et rapportée par Bossuet, nous apprend que la mère de Jésus gagnait aussi sa vie par son travail[3].

L'*Histoire des moines d'Occident*, par M. de Montalembert, nous offre un remarquable exemple du travail agricole entrepris par une pieuse détermination et continué avec une énergique persévérance. « Théodulphe, né en Aquitaine au vi[e] siècle et issu d'an-

---

[1] *Élévations sur les mystères*, 20e semaine.
[2] Mandement de l'archevêque de Paris, du 8 juin 1851.
[3] *Élévations sur les mystères*, 12e semaine. — *Élévation sur l'Annonciation de la sainte Vierge*.

cêtres illustres, se fit moine à Saint-Thierry, près Reims, et désira être spécialement employé aux rudes travaux de l'exploitation agricole du monastère. On lui confia deux bœufs de labour qu'il mena à la charrue pendant vingt-deux ans... Après ces vingt-deux années de labourage, il fut élu abbé de sa communauté. Alors les habitants du village le plus voisin s'emparèrent de sa charrue et la suspendirent dans leur église comme une relique. »

Les Esquimaux, qui sont, parmi les habitants de la terre, considérés comme les derniers dans l'échelle de la civilisation, nous offrent cependant un remarquable exemple de l'énergie et de la persévérance du travail, accompagnées d'une résignation non moins étonnante aux plus dures nécessités de la vie. Le soleil, pendant de longs mois, ne se lève plus dans cette contrée désolée; la nuit y règne constamment de novembre à février. Eh bien, durant six mois, l'Esquimau, qui n'a pas d'égal pour fabriquer et manier son traîneau ou sa barque, brave le froid, la mer, l'orage, l'avalanche, la nuit, la distance, pour arriver péniblement à se procurer la nourriture qui soutiendra toute l'année la pauvre vie de sa famille. Après ces laborieux efforts, et lorsqu'il sent venir la nuit, l'Esquimau se bâtit une maison en bois, s'il trouve du bois; en pierre, s'il n'a que des pierres; en glace, s'il n'a que de la glace. Un missionnaire français[1], que les Esquimaux nommaient *le priant qui ne sait pas le mal et qui vit seul*, a vu fabriquer en deux heures et habité une de ces maisons de glace taillée par grands

[1] Le P. Petitot. — 1866.

morceaux comme des pans de murailles, posés l'un sur l'autre, puis arrosés d'eau qui se gèle aussitôt et ferme les joints comme le ciment le plus solide; dans laquelle on laisse un trou pour s'y glisser, et dont l'entrée est close par un dernier pan de glace tiré sur les habitants [1].

Nous avons vu Jeanne d'Arc regretter, pendant sa glorieuse mission, la simplicité de sa vie laborieuse. A son souvenir se lie un hommage publiquement rendu au travail, ou par elle ou par sa famille. Sur la porte de la maison qu'elle habitait à Domremi, on lisait l'inscription suivante, placée en 1441 et conservée jusqu'à nos jours : VIVE LABEUR!

De jeunes enfants eux-mêmes se montrent quelquefois, pour cultiver leur instruction, résolument fidèles au travail, et bravent les obstacles pour ne pas y manquer. J'ai vu, en 1824, à l'école communale d'Herry (département du Cher) des enfants qui y venaient chaque jour d'une distance de deux lieues, munis, en hiver, de bâtons terminés par une pointe en fer, pour traverser la neige et la glace.

Ce souvenir de ma visite à l'école d'Herry en appelle un autre qui sera bien placé dans un chapitre consacré au bon emploi du temps et au travail. La *Société d'apprentissage des jeunes orphelins* a institué pour eux une école du soir et du dimanche, située à Paris, rue d'Anjou (au Marais), et dans la salle où ils se réunissent sont exposées des maximes (reproduites en partie dans un petit livret remis à chacun d'eux) qu'on pourrait appeler le code moral de l'apprenti.

[1] Extrait d'un article de M. Augustin Cochin dans *le Correspondant* du 25 août 1867.

Voici ces principales sentences, dont bien d'autres jeunes gens peuvent faire leur profit :

Dieu te voit.

Aime Dieu,
Prie-le matin et soir.

Aime et respecte
Tes parents, tes maîtres et tes supérieurs.

Aime tes camarades,
Porte-les au bien,
Détourne-les du mal.

Bonnes mœurs,
Travail, économie,
C'est le bonheur de la vie.

Mauvaises connaissances,
Mauvais spectacles,
Mènent à mauvaise fin.

Fuis le mensonge,
Il conduit au vol.

Fuis les jeux d'argent ;
L'honnête apprenti y est toujours dupe.

Qui dépense pour le superflu
N'aura bientôt plus le nécessaire.

Paresse amène misère.

Ne rien faire,
C'est mal faire.

Mauvais apprenti
Sera pauvre ouvrier.

Qui veut paraître au-dessus de son état
Tombe souvent au-dessous.

L'intempérance tue le corps
Et perd l'âme.

Instruis-toi,
L'homme instruit en vaut deux.

David Livingstone, le grand voyageur anglais qui a plusieurs fois exploré l'intérieur de l'Afrique australe, a lui-même raconté comment, dans son enfance, il avait poursuivi ses études, tout en travaillant dans une filature où il avait été envoyé, dès l'âge de dix ans, en qualité de rattacheur, et où il restait de six heures du matin à huit heures du soir, sans autre interruption que le temps nécessaire pour le déjeuner et le dîner. Il acheta un rudiment sur le gain de sa première semaine. En sortant de la manufacture, il se rendait à une école du soir; puis, rentré à la maison, il travaillait avec son dictionnaire jusqu'à minuit. Il continuait ses études pendant les heures qu'il passait à la filature, plaçant son volume sur le métier, de manière à saisir les phrases les unes après les autres, tout en marchant pour faire sa besogne. A dix-neuf ans, il eut un métier à conduire; c'était une profession extrêmement pénible, mais il était payé en conséquence, ce qui le mit à même de passer un hiver à Glascow, de s'y suffire, d'y poursuivre des études médicales, d'y apprendre le grec et d'assister à un cours de théologie [1].

Le travail a un noble et grand privilège, celui de concilier l'intérêt avec le devoir. Il est la source de toute production de la richesse privée comme de la richesse publique; il est, de toutes les origines de la propriété, la plus légitime, la plus incontestable, et les hommes vraiment laborieux non seulement comprennent mieux le respect dû à la propriété, mais aussi en général sont amis de l'ordre, puisque l'ordre

---

[1] Livingstone. — *Exploration dans l'intérieur de l'Afrique australe.*

social est institué pour protéger le travail de chacun.

Sans doute, pour la plupart des hommes, le travail n'assure que la satisfaction de leurs besoins essentiels, et ce mérite seul suffirait pour qu'on le tienne en grande estime; mais il est de plus, pour quelques-uns d'une capacité supérieure, une rémunération exceptionnelle d'efforts persévérants et le plus sûr et le plus honorable moyen de parvenir à la fortune. En voici quelques exemples remarquables.

Vers l'an 1766, un Breton, sans autre fortune que ses bras et son intelligence, sans autre appui que l'amour du travail, arrivait à Bordeaux au sein d'une population laborieuse et commerçante vers laquelle il s'était senti instinctivement attiré. Il eut à lutter plus d'une fois contre de grandes difficultés et le découragement; mais son âme fortement trempée triompha de tous les obstacles, et il parvint à prendre place parmi les plus honorables négociants de Bordeaux. En 1791, loin des intrigues et des passions politiques, il s'occupait du développement industriel des forges dans trois départements voisins; puis, encouragé par le succès, il dotait la Gironde d'une industrie nouvelle en fondant les forges de Belliet, et se faisait bénir par une population d'ouvriers. En 1837, à l'âge de quatre-vingt-trois ans, il s'est éteint au milieu de ses parents et de ses amis, regretté de tous ses concitoyens, et léguant à sa famille une belle fortune et un nom sans tache. Ce vieillard, que le travail et la probité avaient élevé si haut, se nommait Juhel Renoy.

Antoine Van Hobokon, de Rotterdam (Hollande), avait commencé par être homme de peine dans un magasin de beurre; il poussait dans les rues une petlie brouette où étaient placés les barils qu'il avait à livrer. A force de travail, de soins et d'économie, il put entreprendre des affaires pour son propre compte, puis devint armateur et le chef d'une des plus fortes maisons de commerce du monde entier. Les navires qu'il expédiait étaient construits dans ses chantiers avec des bois choisis et achetés par lui; en 1837, il en avait vingt pour le commerce des Indes et plusieurs autres pour celui du Levant. A cette époque, il n'y avait pas bien longtemps encore qu'il faisait mettre chaque jour sur le quai, devant sa porte, la brouette qu'il avait jadis poussée dans les rues, et il ne manquait pas de la montrer lui-même à ceux qui venaient le voir pour la première fois.

Un autre exemple des heureux résultats du travail fécondé par l'intelligence nous est fourni par la *France agricole*. Elle est redevable à un simple garçon de ferme, à J.-J. Grangé, de la charrue qui porte son nom. Ses labeurs persévérants et son modeste mérite ont eu leur récompense. Devenu cultivateur et fabricant d'instruments aratoires à Monthureux-sur-Saône (Vosges), il a reçu seize médailles dont la moitié en or, et la décoration de la Légion d'honneur[1].

N'est-ce pas aussi le travail, fécondé par la droiture du cœur et la vigueur de l'intelligence, qui, du fond des forêts où il exerçait avec son père le métier de bûcheron, a porté Lincoln au fauteuil de la présidence des États-Unis?

Le même Dieu qui a dit à l'homme : *Tu travailleras*, lui a dit aussi : *Tu te reposeras*[2]. La loi du repos

---

[1] *Bon et utile*, par Mlle Cerny-le-Dreuille (1840), pp. 117, 133, 144.
[2] *Exode*, c. xx, v. 9 et 10.

hebdomadaire, de la sanctification du dimanche, est donc essentiellement liée à la loi du travail, et nous devons l'observer également tout à la fois par obéissance à un commandement divin et dans un but salutaire qu'il a eu en vue, celui de réparer et ménager nos forces, qu'userait un labeur trop continu. On peut croire, avec d'éminents prélats, que l'Angleterre doit surtout à la scrupuleuse observation du repos du dimanche la prospérité que lui accorda la protection divine.

J'emprunte à l'*Almanach de l'atelier* un récit qui est une touchante application des deux préceptes que je viens de rappeler. Un ouvrier parisien, nommé Dubuisson, travaillait régulièrement et activement tous les jours de la semaine et respectait le dimanche. Ses camarades, qui aimaient mieux travailler le dimanche et chômer le lundi, s'irritèrent de ce qu'il ne suivait pas leur exemple et prirent la résolution de l'expulser de l'atelier dès qu'un autre de leurs camarades, qu'une maladie en avait éloigné depuis longtemps, serait de retour. Celui-ci étant revenu, on lui communiqua le projet pour qu'il s'y associât ; mais à peine lui eut-on désigné Dubuisson, qu'il s'écria en l'embrassant : « Comment ! c'est lui que vous voulez expulser ! Mais c'est mon sauveur, c'est lui qui venait me visiter tous les dimanches pendant ma maladie et qui m'aidait de sa bourse ! Je lui dois la vie. » Les généreux instincts se réveillent facilement dans le cœur des ouvriers français. Ramenés à de bons sentiments par ce qu'ils venaient d'entendre, tous les camarades de Dubuisson le portèrent en triomphe et lui vouèrent une affectueuse estime.

Un des plus grands peintres de l'école française nous a laissé un mémorable exemple de respect pour la loi du dimanche. Philippe de Champagne, quand la vieillesse vint, se retira à Port-Royal, où sa fille était religieuse, et fit d'elle un portrait célèbre. Un de ses amis lui demanda de faire aussi le portrait de sa fille, qui allait se faire religieuse; Philippe de Champagne refusa, parce qu'il aurait fallu la peindre un dimanche [1].

Voici un fait qui prouve que l'observation du dimanche est loin d'être désavantageuse aux intérêts industriels.

M. Charles Berthelot était devenu l'un des plus riches armateurs de Dunkerque et était regardé comme un des hommes les plus entendus en affaires, lorsqu'en 1869 on lui proposa la direction de la compagnie des bateaux à vapeur du Nord. Il hésita longtemps à accepter une pareille charge et une pareille responsabilité; enfin il s'y décida, mais en posant pour condition que le repos du dimanche serait observé par tous ses subordonnés. Le pacte fut conclu et exécuté, et la prospérité de la compagnie atteste que la bénédiction du Ciel sait bien compenser les misérables bénéfices qu'on essaye d'obtenir par le travail du dimanche [2].

---

[1] *M. Vitet, sa vie et ses œuvres*, par M. Guizot. — *Revue des Deux Mondes*, n° du 1ᵉʳ mars 1874.

[2] *Annales catholiques*, n° du 28 novembre 1874.

CHAPITRE XVI

L'ESPRIT D'ORDRE, L'ESPRIT DE CONDUITE ET L'ESPRIT
DE PRÉVOYANCE

Un ouvrier imprimeur américain et sa veuve. — Anecdote sur Jacques Laffitte. — Henri IV. — Un fabricant de faïences. — La société de prévoyance et de secours mutuels de Metz. — Un ouvrier menuisier devenu entrepreneur. — Legs fait par un ancien contremaître de fabrique. — *L'homme au petit manteau bleu.* — M. Léon Harmel et l'usine du Val-des-Bois.

Il y a une liaison intime entre l'habitude du travail et l'habitude de l'ordre, qui ont une action réciproque l'une sur l'autre. L'exercice régulier du travail entretient l'esprit d'ordre et l'esprit de suite, qui ont tant d'importance pour l'ensemble de notre conduite, et l'ordre, en réglant l'activité du travail, le facilite et le rend plus fécond. Grâce à cette activité calme et réglée, chaque chose se fait dans le temps opportun et dans la mesure convenable.

L'esprit de prévoyance a aussi une influence morale sur notre destinée; car il permet de conjurer les périls ou les difficultés de la vie, garantit les intérêts de la famille, prépare le repos et la sécurité de nos vieux jours, et assure ainsi le bien-être moral en même temps que le bien-être matériel.

La bienfaisante action de l'ordre se fait sentir dans toutes les phases de notre existence, parce qu'il émane de l'ordre universel, qui est la manifestation de Dieu dans la nature.

Dans la société, l'ordre est le but et l'effet d'un bon gouvernement.

Dans une famille, dans un grand établissement, l'ordre est un mérite essentiel et l'honneur de son chef.

Dans la vie individuelle, l'ordre est l'empreinte de la sagesse et d'un jugement sain.

Dans les rapports sociaux, c'est la paix.

Dans les actions, c'est la règle mise en pratique.

Dans la distribution du temps, c'est le moyen de le doubler.

Dans les dépenses, c'est l'économie.

L'ordre sert à acquérir et à conserver ce qui est acquis.

Par cela seul qu'il règle et coordonne notre vie, il porte la sérénité dans nos pensées et nos sentiments.

Franklin l'avait compris dans les treize préceptes qu'il s'était proposé de pratiquer journellement, et l'avait ainsi précisé : « Que chaque chose ait sa place fixe. Assignez à chacune de vos affaires une partie de votre temps. » Son petit livre intitulé *la Science du bonhomme Richard* est une excellente démonstration des avantages qu'a pour toutes les situations sociales l'esprit d'ordre, de prévoyance et d'économie.

Dans les *Mémoires sur sa vie*, écrits par lui-même, on trouve un exemple frappant du contraste et des conséquences de l'ordre et du défaut d'ordre. En 1733, Franklin avait envoyé dans une ville de la Caroline du Sud (États-Unis), où l'on avait besoin d'un imprimeur, un de ses ouvriers auquel il avait fourni une presse et des caractères, en s'engageant à supporter le tiers des dépenses et à condition de toucher le tiers des bénéfices. Cet ouvrier était probe et instruit; mais il n'avait pas d'ordre et tenait une comptabilité si inexacte, que Franklin ne put obtenir de lui ni un seul compte, ni un exposé satisfaisant de l'état de leur société commerciale. Elle périclitait de plus en plus, lorsque celui qui la dirigeait vint à mourir, laissant dans la gêne sa femme et plusieurs enfants. Les affaires furent continuées par sa veuve, qui était Hollandaise et avait contracté de bonne heure des habitudes d'ordre et de régularité. Elle fit connaître à Franklin, aussi clairement que possible, la situation de l'établissement, lui envoya un compte exact chaque trimestre, et conduisit ses affaires avec tant de soin, d'économie et de succès, qu'à l'expiration du terme de la société elle fut à même d'acheter l'imprimerie dont Franklin était le propriétaire, et d'y établir son fils aîné.

Une anecdote contemporaine montre aussi où peut conduire l'esprit d'ordre et d'attention, même dans les petites choses.

Au mois de juin 1789, un jeune homme, venant de Bayonne, s'était présenté chez un des premiers banquiers de Paris pour solliciter un emploi, et avait essuyé un refus, les bureaux étant au complet.

Il se retirait tristement, lorsqu'en traversant la cour de l'hôtel il aperçut à terre une épingle; il la ramassa et la piqua sur sa manche. Le banquier, qui l'avait suivi de l'œil, reconnut dans un acte si insignifiant en apparence, l'indice d'un esprit d'ordre et d'observation, fit rappeler le solliciteur, et lui dit qu'il pouvait compter sur une place dans sa maison. Peu de jours après, le jeune Bayonnais entrait chez le riche banquier en qualité de teneur de livres; puis, ayant justifié de plus en plus la bonne opinion qu'il avait inspirée à son chef, il en devint successivement le caissier, l'associé et le successeur. Par l'effet de ses habitudes d'ordre et de régularité, il traitait toutes les affaires de manière à en calculer toutes les chances et en prévoir l'issue.

« Jamais je ne me suis cru riche qu'une fois, disait-il plus tard à un de ses amis qui lui parlait de sa fortune : c'est le jour où mes appointements furent portés à trois mille francs. » Ce fut aussi le jour où il appela ses deux frères auprès de lui ; il leur ouvrit une carrière honorable et pourvut à leur avenir.

Devenu ainsi le chef d'une des plus importantes maisons de banque de l'Europe, celui qui avait dû un sort si prospère à son esprit d'ordre a été ensuite un ministre du roi Louis-Philippe[1].

L'esprit de conduite s'inspire du sentiment de l'ordre, car c'est une aptitude particulière à bien régler sa vie et ses rapports avec les autres hommes; mais il suppose de plus un tact et un discernement qui le placent peut-être à un plus haut degré.

[1] Extrait des *Souvenirs de Jacques Laffitte*, par Ch. Marchal, t. III, p. 235.

C'est le bon sens en action, la raison appliquée aux circonstances de la vie.

L'esprit de conduite nous apprend à faire chaque chose dans le moment opportun.

Par lui nous savons mesurer nos désirs à nos moyens, nos entreprises à nos forces.

Il prévoit les fautes ou les répare.

Il inspire la confiance à ceux qui ont des relations avec nous, et nous fait observer la mesure et les convenances dans notre manière d'agir à leur égard.

Henri IV, en opérant la réconciliation des partis, en relevant l'unité, la grandeur et les finances de la France, est un mémorable exemple de *l'esprit de conduite* dans les affaires publiques.

J'ai connu un industriel qui s'était attaché à fabriquer des faïences et des vases d'un prix élevé, dont la main-d'œuvre était fort coûteuse, et qui lui procuraient peu de bénéfices. Son successeur comprit qu'il aurait plus d'avantage à produire des objets plus à la portée de tous et à plus bas prix, tout en étant de bonne qualité; et il trouva, en effet, dans la vente d'une plus grande quantité de marchandises des bénéfices plus certains et plus considérables. Il eut aussi le bon esprit d'en attribuer une part à ses ouvriers pour les mieux rémunérer, et de les attacher de plus en plus à son établissement par des fondations utiles à leur avenir. Il ne s'effraya pas de la concurrence qui lui fut suscitée par la liberté commerciale, sut tirer avantage de cette liberté pour les matières premières de son industrie, et redoubla d'efforts pour en perfectionner les produits sans augmenter les prix de vente. Cet *esprit de conduite* dans les affaires commerciales lui valut une prospérité croissante, et à ses ouvriers un accroissement de bien-être.

L'esprit de prévoyance, dont j'ai déjà signalé le caractère moral, en nous prémunissant contre les coups du sort, les accidents de la vie, les revirements de fortune ou de situation, nous fait contracter l'habitude d'une économie bien entendue qui ne se refuse pas les choses nécessaires ou vraiment utiles, qui s'écarte par conséquent de l'avarice ou de la parcimonie, mais qui ménage prudemment les ressources du présent pour celles de l'avenir. On dit proverbialement que *l'épargne est une grande richesse;* cela revient à dire que l'économie est le plus sûr moyen d'accroître sa fortune.

Par le défaut d'ordre, de prévoyance et d'économie, on en vient à avoir moins de jouissances avec plus de dépenses, et suivant une ingénieuse comparaison de saint François de Sales, « on dissipe et on perd ce qu'on a souvent acquis à grand'peine, comme il en serait d'un jardin ouvert de tous côtés, dont les fruits ne sont pas pour le maître, mais pour les passants. »

Je recommande à l'attention de mes jeunes lecteurs cette maxime inédite de mon père : *Une dépense inutile et frivole est un vol qu'on se fait à soi-même.*

Les associations de secours mutuels, qui se sont si heureusement propagées en France, mais qui ne le sont pas encore assez, nous présentent une des meilleures applications du principe et des habitudes de prévoyance et d'économie; elles ont d'ailleurs, en assurant à ses membres l'assistance dans leurs maladies et souvent, pour leurs vieux jours, une pension réversible en partie sur leurs veuves, l'avantage, éminemment moral, d'entretenir l'esprit de famille et de vraie confraternité.

Je citerai, comme un remarquable exemple du bien qu'elles peuvent faire quand elles sont sagement organisées et dirigées, la *Société de prévoyance et de secours mutuels de Metz*, à laquelle me rattachent de sympathiques souvenirs de coopération, et qui, en 1874, possède encore un capital d'environ cinq cent mille francs, fruit de ses épargnes. Elle sert des pensions à quatre-vingts sociétaires âgés et à trente et une veuves.

L'esprit de conduite, et l'esprit de prévoyance et d'économie, se trouvent réunis dans l'existence de deux hommes sortis de la classe ouvrière, et leur ont permis de faire ce que je vais raconter.

L'un, né à Paris vers la fin du siècle dernier et fils d'un compagnon menuisier, fut mis par lui en apprentissage dans la même profession. Désireux de s'instruire et de ne pas rester confondu dans le dernier rang des ouvriers, mais n'ayant aucun secours à espérer de son père, il fut longtemps obligé, pour se procurer quelques livres indispensables et se faire enseigner aussi l'ébénisterie, de consacrer à ces dépenses une partie de la faible somme qui lui était donnée pour sa nourriture. Après sa sortie d'apprentissage, il était encore si pauvre, que, pendant de longues nuits d'hiver, afin de travailler quelques heures plus tard dans la soirée, il fut souvent réduit, pour son éclairage, à utiliser des restes de suif ou de graisse que l'on avait jetés et qu'il s'empressait de recueillir.

Ses habitudes laborieuses et régulières, le soin qu'il

apportait dans l'exécution de tous ses travaux et son talent dans l'ébénisterie, lui assurèrent bientôt une clientèle, lui permirent d'ouvrir un atelier, de s'adjoindre d'autres ouvriers, puis de devenir entrepreneur. Il plaça sagement en rentes sur l'État toutes les épargnes qu'il pouvait faire sur ses bénéfices, et son capital s'accrut par l'élévation progressive du taux de la rente. On lui proposa en mariage une jeune fille qui lui aurait apporté une dot de dix mille francs, mais qui avait le goût de la toilette; il préféra en épouser une qui avait moins de fortune, des habitudes plus simples, des qualités semblables aux siennes. Jouissant ainsi du bonheur intérieur, bien secondé dans les économies qu'il réalisait de plus en plus, il fut un des premiers à faire profiter deux enfants issus de cette union des avantages qu'offraient pour leur avenir les assurances sur la vie, qu'on venait d'établir à Paris, en s'engageant à verser des annuités qui, à sa mort, procureraient à ses enfants un capital proportionnnel à ces annuités.

Il a fait plus encore : ayant appris la mort de sa sœur, qui habitait la Suisse, où elle était restée veuve avec trois enfants, il a fait venir ses deux neveux et sa nièce, les a recueillis chez lui et a pris soin de leur éducation. L'un de ses neveux est menuisier et employé dans ses ateliers; l'autre est serrurier, et la nièce travaille avantageusement, comme couturière en robes, auprès de sa tante, qui lui a fait apprendre cet état. Tous répondent aux soins bienveillants de leur oncle, et, grâce à cet esprit de conduite et de prévoyante sollicitude, il a assuré son avenir et celui de sa femme et de cinq enfants.

Voici un exemple récent de l'esprit d'économie rehaussé aussi, dans la classe laborieuse, par une admirable charité. Un simple ouvrier de Montpellier, devenu contremaître dans une fabrique de soufre, M. J.-B. Laurent, avait amassé par un travail assidu et une rigide économie une fortune de quatre-vingt-dix mille francs. Il vient de la léguer en mourant aux frères des Écoles chrétiennes, pour la fondation de cours professionnels pour les adultes [1].

En 1763, à Châtel-Censoir (Yonne), un neuvième enfant naissait à un flotteur nommé Champion, qui ne gagnait par jour que douze sous (monnaie de cette époque). Le nouveau-né était un garçon, et sur les fonts baptismaux fut appelé Edme.

Il annonçait d'heureuses dispositions, lorsqu'à l'âge de onze ans il perdit son père et sa mère. Ne sachant que devenir, il partit pour Paris sur un train de bois conduit par deux flotteurs, et fut recueilli, à son arrivée, par une brave femme qui le mit en apprentissage. Mais il ne put pas rester chez son patron, qui était un homme brutal, et, grâce à l'intérêt qu'inspiraient son malheur et son aimable caractère, il fut admis dans l'atelier d'un riche joaillier. Bientôt il devint ouvrier, ensuite commis, et mérita si bien l'estime et la confiance de son chef, que celui-ci, obligé par les circonstances de quitter la France, lui céda son établissement.

La fortune d'Edme Champion paraissait assurée, lorsqu'en 1790 elle fut gravement menacée par une crise industrielle qu'amenèrent la guerre civile et l'in-

---

[1] *Semaine religieuse* du diocèse de Paris, n° du 6 mai 1874.

vasion étrangère. Il n'échappa à la nécessité de suspendre ses payements que grâce à l'extrême prudence avec laquelle il dirigeait ses affaires et au dévouement d'un ami qui, apprenant sa situation critique, lui apporta tout ce qu'il possédait, quatre-vingt mille francs.

Par sa probité, sa connaissance spéciale des pierreries, le bon goût de sa fabrication, il obtint une grande clientèle et réalisa des bénéfices considérables. Apportant dans la direction de son industrie et de ses affaires privées une réserve sage et raisonnée, un esprit de prévoyance et de circonspection dans le placement de ses capitaux, il n'eut pour but que de s'assurer une existence modeste et le moyen de venir au secours des malheureux.

Il avait contracté, dès sa jeunesse, l'habitude de l'économie. Devenu riche, il demeura économe comme auparavant; mais ce n'était plus pour lui qu'il gardait son argent, il le réservait pour de bonnes œuvres.

Il coopéra généreusement à la fondation de quarante-sept écoles primaires et à l'établissement de plusieurs caisses d'épargne, institution dans laquelle il voyait une garantie de bien-être pour l'avenir de l'ouvrier.

Son village natal éprouva le premier les effets de sa bienfaisance. Il dota de tableaux et de statues l'église paroissiale de Châtel-Censoir, fit creuser des puits, assainir des terrains, rendit productives des landes incultes, et, lorsque les famines de 1825 et de 1846 sévirent sur les habitants, il organisa pour eux des distributions de blé dont tous profitèrent indistinctement.

A Paris, pendant l'hiver de 1830, il fit distribuer, sur le quai de Gèvres, environ quarante mille soupes à de pauvres affamés, et continua les hivers suivants ces distributions charitables, qui ne cessèrent qu'à sa mort, en 1852. On le voyait, enveloppé d'un manteau bleu qui suffisait pour le préserver du froid, arriver sur le quai avec plusieurs hommes à sa suite, faire allumer des feux, installer dessus de grandes marmites, faire chauffer la soupe préparée d'avance et en distribuer lui-même, avec un pain, de fortes portions dans des écuelles à chacun des malheureux, transis de froid, qui venaient profiter de ses bienfaits et qu'il faisait ranger sur deux lignes pour participer avec ordre à ces distributions.

C'est sous le nom de l'*homme au petit manteau bleu* qu'était connu et béni le fils du flotteur de Châtel-Censoir, qui était arrivé à Paris sur un train de bois, et en qui nous venons de voir un modèle d'esprit de conduite, d'économie, de prévoyance et de charité[1].

Toutes ces qualités, nous les trouvons aussi réunies, et au plus haut degré, chez M. Léon Harmel, propriétaire et directeur de la grande usine du *Val-des-Bois*, près Reims. Voulant la moraliser, il s'est dit qu'il ne devait pas seulement le salaire à ses ouvriers des deux sexes, qu'il était leur *patron,* ce qui implique tutelle et protection, et qu'il leur devait en outre bon exemple, bon conseil et assistance. Il a créé, de ses deniers et à l'usage de ses nombreux ouvriers, tout un ensemble d'œuvres de prévoyance, de soulagement, d'instruction, de piété chrétienne et d'honnêtes récréations. Aussi cette manufacture est-elle désignée, à bien

---

[1] Extrait d'une notice biographique sur *l'homme au petit manteau bleu,* par Ch.-L. Chassin.

juste titre, sous le nom d'*usine modèle,* et M. Harmel s'est fait le zélé propagateur des principes et des applications de son œuvre, si féconde en bienfaits de tout genre pour les ouvriers.

CHAPITRE XVII

OBÉISSANCE A LA LOI — RESPECT DE L'AUTORITÉ

Exemple donné par Jésus-Christ. — Le général Moreau. — L'officier de cuirass... devenu évêque de Châlons-sur-Marne. — Le premier congrès ... al et les citoyens des États-Unis. — O'Connell. — Déclaration d'une association anglaise d'ouvriers agricoles. — Une fraude à la loi du service militaire.

On ne s'étonnera pas de me voir ranger au nombre des obligations morales l'obéissance à la loi et le respect de l'autorité ; car la morale régit également les devoirs publics et les devoirs privés, et le premier devoir du citoyen est de respecter et d'observer les lois de son pays. Il doit par conséquent respecter aussi les délégués de la loi, tous ceux qui tiennent d'elle, à un degré quelconque, leur mission et leur pouvoir. On conçoit dès lors le lien intime qui existe entre ces deux obligations que tout bon citoyen ne saurait séparer dans sa conscience, puisque les agents de l'autorité, depuis le gendarme ou le garde champêtre jusqu'au préfet ou au général investi d'un commandement, personnifiant la loi dont ils sont les représentants, une offense envers eux, dans l'exercice de leurs fonctions, est en même temps un outrage à la loi.

Comme il n'y a pas de société possible sans le respect de la loi, sans l'esprit de subordination qui est si souvent oublié ou méconnu, on ne saurait donner une base trop solide à ces principes de salut social; et quelle serait cette base, si ce n'est la vérité religieuse? Elle commande, au nom du législateur suprême, la soumission à la loi nationale aussi bien qu'à la loi divine, et Jésus-Christ lui-même en a donné l'exemple. Écoutons Bourdaloue : « Jésus-Christ était Juif; il n'a manqué en rien à la loi des Juifs, et parce que cette loi défendait d'enseigner avant l'âge de trente ans, tout envoyé qu'il était de Dieu pour prêcher le royaume de Dieu, il s'est tenu jusqu'à l'âge de trente ans dans l'obscurité d'une vie cachée, arrêtant toutes les ardeurs de son zèle, plutôt que de le produire d'une manière qui ne fût pas réglée selon son état; car c'est la seule raison que nous donnent les Pères de la longue retraite de l'Homme-Dieu[1]. »

Quel irrécusable enseignement pour tous les chrétiens : l'obéissance aux lois du pays auquel on appartient, pratiquée par celui même qui aurait été plus que tout autre en droit de les enfreindre!

On s'honore en obtempérant, non par faiblesse ou par crainte, mais par une détermination libre et raisonnée, à l'autorité de laquelle on relève, au devoir

---

[1] Sermon pour le 10ᵉ dimanche après la Pentecôte, *sur l'état de vie et le soin de s'y perfectionner.*

de la subordination, quelque rigoureux qu'il puisse paraître quelquefois. Moreau, naguère général en chef et qui avait sauvé nos frontières d'une invasion, disgracié par le Directoire, servit sous Scherer, auquel il était si supérieur par le talent militaire, et plus tard céda sans dépit son commandement à Joubert, en se mettant à sa disposition pour l'aider de ses conseils. Il ne fut jamais plus grand que dans cette obéissance volontaire pour le service du pays.

Bassompierre a dit dans ses Mémoires : « Je serai toujours le paroissien de celui qui sera curé, » assertion qui, sous sa forme naïve, exprime bien le devoir consciencieux de la déférence du subordonné pour son supérieur. Voici une anecdote contemporaine qui en présente une curieuse application.

Du temps du premier empire, un rég. ...ent de cuirassiers, passant par Châlons-sur-Marne, s'y arrête. Un des officiers entre dans une église pendant le service divin, ne se fait pas faute de le troubler en traînant son sabre et en battant le pavé de ses bottes à éperons, et reçoit mal les observations que le suisse lui adresse. Les choses en viennent même au point que le curé accourt vers cet officier, lui reproche en termes sévères le scandale qu'il cause, et lui ordonne de sortir immédiatement de l'église. L'officier, stupéfait de cette réprimande, reconnaît qu'il est dans son tort, et prend le parti de se soumettre de bonne grâce à l'ordre d'expulsion.

Cet officier de cuirassiers, qui se nommait de Prilly, a embrassé depuis la carrière ecclésiastique et est devenu, en 1824, évêque de Châlons-sur-Marne. Un de ses plus grands regrets, en arrivant dans cette ville, a été de ne plus y trouver le curé qui avait, d'une si singulière façon, gagné toute son estime[1].

Nous voyons dans la *Vie de Franklin à l'usage de tout le monde*[2], par M. Mignet, que le congrès général, conseillé par Franklin, qui se réunit le 5 septembre 1744 à Philadelphie, était composé des hommes les plus accrédités, les plus habiles, les plus respectés des treize colonies qui formèrent d'abord les États-Unis. Les décisions qu'ils prirent, les lois qu'ils votèrent, obtinrent, malgré les divergences d'opinions, une obéissance unanime, et, grâce à ce concours patriotique, ils se rendirent les immortels défenseurs de l'indépendance américaine. « C'est ainsi, ajoute M. Mignet, que savent élire les peuples qui sont devenus capables de se gouverner. Ils choisissent bien, et ils obéissent de même. »

On ne saurait trop, en effet, se pénétrer, dans la vie publique, de cette pensée magistrale de Bossuet sur la nécessité de l'obéissance à la loi pour jouir de la vraie liberté (telle que l'avaient d'abord conçue les Grecs et les Romains) : « On est libre dans un État où personne n'est sujet que de la loi, et où la loi est plus puissante que les hommes[3]. »

Le grand citoyen aux efforts duquel l'Irlande se plaît à attribuer son émancipation, O'Connell, a prononcé, en 1824, dans une réunion de *l'Association catholique*, ces paroles mémorables qui s'adressent à tous les peuples libres : « Je ne connais qu'un seul ennemi à craindre pour mon pays, c'est l'homme qui

---

[1] *Bon et utile*, par Mlle Cerny-le-Drouille, p. 67.
[2] Chap. IX.
[3] *Discours sur l'histoire universelle*, 3e partie, c. VI.

viole la loi. Je ne connais qu'une chose qui puisse compromettre la liberté, c'est la violation de la loi[1]. »

Je citerai encore un exemple récent et bien remarquable du respect de la loi, que nous présentent les classes laborieuses en Angleterre. Il s'y est formé, en 1872, une *Association nationale des ouvriers agricoles*, dans le but d'améliorer la condition générale des laboureurs, dont les souffrances ont excité un vif intérêt. Le 10 décembre de la même année, une grande assemblée populaire a été convoquée par les ouvriers de Londres, pour exprimer leur sympathie en faveur de la cause des laboureurs. Après avoir placé cette réunion sous l'autorité du premier magistrat de la cité, trois ouvriers agricoles ont exposé les griefs de leurs coassociés, et ont fait cette noble et pacifique déclaration : « Nous voulons obtenir ce qui est juste; mais, pour y parvenir, nous marcherons dans la crainte de Dieu et dans le respect de la loi[2]. »

Puissent les populations agricoles et ouvrières, en France, fonder aussi sur *la crainte de Dieu et le respect de la loi* leurs aspirations vers un meilleur avenir! Elles ne tarderaient pas à voir l'accroissement de leur bien-être suivre ce progrès moral et social.

Une des plus graves infractions à la loi, c'est le fait ou la tentative de se soustraire par des moyens frauduleux à l'obligation légale du service militaire, et c'est en même temps une grave immoralité; car c'est exposer presque toujours un concitoyen, qui aurait pu en être dispensé, à prendre dans l'armée la place

---

[1] V. le journal *le Droit*, du 30 juin 1837.
[2] Extrait d'un article du *Correspondant*, par M. Frédéric de Bernhardt. — Livraison du 10 janvier 1873.

de celui qui s'est fait à tort exonérer du service. Quelquefois, d'ailleurs, on paye d'infirmités incurables ou même de sa vie cette violation de la loi. En 1872, un jeune homme des environs de Cambrai ayant voulu échapper au service militaire en se faisant réformer à l'aide d'un caustique qu'on lui avait appliqué et de substances prises intérieurement, est mort des suites de cette fraude à la loi.

Vous êtes déjà, mes chers lecteurs, à même de comprendre que vous aurez plus tard des devoirs à remplir envers votre pays, et vous voulez assurément devenir de bons patriotes. Eh bien! soumettez-vous dès vos jeunes années à la règle sous laquelle vous êtes placés, quelque sévère ou gênante qu'elle vous paraisse quelquefois, et qui n'est pour vous, en définitive, qu'une protection contre le désordre, l'indiscipline et les écarts auxquels vous pourriez être entraînés; respectez cette règle tutélaire dans la personne de vos maîtres et de vos surveillants, sans vous ériger en juges incompétents de leurs actes; et en contractant ainsi, par avance, l'habitude de l'obéissance à loi, du respect de l'autorité, vous aurez un jour le mérite et le bonheur de concourir au salut de la patrie.

CHAPITRE XVIII

PATRIOTISME

Exemple donné par Jésus-Christ. — Un bref de Pie IX. — Alphonse de Lamandé. — Charles de Grébon de Pontourny. — Henri de Vertamon. — Eustache de Saint-Pierre et cinq autres bourgeois de Calais. — Jeanne d'Arc. — La Tour d'Auvergne. — La résistance de Lille en 1792. — Le vaisseau *le Vengeur*. — Prisonniers de guerre français débarqués à Calais en 1814. — Héroïsme de femmes grecques en 1822. — Camille Jordan. — Pauvres vieillards des hospices de Mantes et de Verdun. — Mme veuve Kiéné. — Un enfant alsacien.

Il y a en nous des sentiments innés, que le Créateur a lui-même déposés dans notre cœur, qui se développent et se fortifient avec l'âge. L'amour de la patrie est un de ces nobles instincts qui ne peut être étouffé que par un lâche égoïsme ou l'absence de sens moral.

Rien ne prouve mieux que l'homme est un être éminemment sociable. Il s'attache, dès ses jeunes années, au sol natal, aux mœurs et à la langue de son pays, aux rapports intimes qu'il contracte avec ses compatriotes ; il devient malheureux s'il est involontairement condamné à vivre sur une terre étrangère, souvent même par cela seul qu'il a quitté les lieux qui l'ont vu naître. Aussi appelle-t-on *mal du pays* l'invincible tristesse, la souffrance morale et physique qu'éprouvent quelquefois ceux qui, éloignés de leur pays, ont un vif désir d'y retourner.

Un de nos meilleurs historiens, membre de l'Académie française, a dit excellemment : « Qu'est-ce que le patriotisme en tant qu'il est sérieux et réfléchi, si ce n'est le sentiment du devoir envers une société au sein de laquelle Dieu nous a placés, si ce n'est encore l'amour du prochain appliqué plus particulièrement à ceux auxquels un lien particulier nous unit, parents, associés, concitoyens, compatriotes? Égoïsme et patriotisme ne vont pas ensemble; on nous a prêché si longtemps la morale de l'égoïsme, que nous ne sommes plus patriotes[1]. »

Cette morale ne sera pas la vôtre, mes chers lecteurs, et vous voudrez être un jour de vrais patriotes, en vous dégageant de l'objection de l'intérêt personnel quand il est en lutte avec la générosité du dévouement. Alors, comme l'écrivait un autre membre de l'Académie française à un de ses amis, « en vivant pour votre patrie, vous aurez aussi vécu pour Dieu; et quand on a vécu pour Dieu et sa patrie, on peut mourir sans douleur comme sans honte[2]. »

La religion consacre, en effet, l'amour de la patrie, l'épure et l'exalte quelquefois jusqu'à l'héroïsme. Quel

---

[1] *Le Chemin de la vérité*, par M. le comte de Champagny. — *Épilogue*.

[2] *Lettres à un ami de collège*, par le comte de Montalembert, p. 69.

profond sentiment patriotique respire dans tout le psaume¹ qui commence par ces plaintives paroles des Hébreux captifs dans l'empire assyrien : « Nous nous sommes assis sur le bord des fleuves de Babylone, et nous avons pleuré en nous ressouvenant de Sion! » Le dévouement magnanime des Machabées au salut de leur patrie n'a-t-il pas été surtout inspiré par la foi religieuse? Jésus-Christ n'a-t-il pas aussi manifesté son attachement au pays où il était né, le jour où, s'approchant de Jérusalem, il pleura sur elle en disant : « Si tu connaissais, au moins en ce jour qui t'est encore donné, ce qui peut te procurer la paix²! »

En présentant Jésus-Christ, notre modèle en toutes choses, comme un sublime exemple de patriotisme, je ne fais que reproduire l'enseignement de Bossuet, qui, dans un de ses immortels ouvrages³, a donné ce titre à une proposition : *Jésus-Christ établit par sa doctrine et par ses exemples l'amour que les citoyens doivent avoir pour leur patrie*. Et voici comment il développe cette proposition : « Jésus-Christ fut fidèle et affectionné jusqu'à la fin à sa patrie, quoique ingrate... On le reconnaissait pour bon citoyen, et c'était une puissante recommandation auprès de lui que d'aimer la nation judaïque... Il versa son sang avec un regard particulier pour sa nation, et en offrant ce grand sacrifice qui devait faire l'expiation de tout l'univers, il voulut que l'amour de la patrie y trouvât sa place. »

Le vicaire de Jésus-Christ s'est inspiré de cet enseignement du maître lorsque, dans un bref adressé,

¹ Le 136ᵉ.
² *Saint Luc*, c. xix, v. 41, 42.
³ *Politique tirée de l'Écriture sainte*, liv. I, article 6.

le 6 juillet 1874, au président et à l'assemblée générale des comités catholiques de France, il a ainsi caractérisé les conditions et la bienfaisante action du patriotisme : « L'expérience montre qu'une jeunesse qui a été imbue de bons principes fournit d'excellents citoyens, fermement résolus à maintenir les fondements de l'ordre sur la base de la religion et de la justice, capables, par une sagesse véritable, par une gestion droite et prudente des affaires publiques, de procurer la grandeur et la prospérité de leur pays. »

Montesquieu a bien compris et caractérisé l'alliance de la religion et du patriotisme lorsqu'il a dit : « De véritables chrétiens seraient des citoyens infiniment éclairés sur leurs devoirs et qui auraient un très grand zèle pour les remplir; plus ils croiraient devoir à la religion, plus ils croiraient devoir à la patrie[1]. »

Cette pensée de Montesquieu a été bien justifiée, pendant la guerre qui a désolé la France en 1870 et 1871, par d'héroïques chrétiens. C'est parce qu'ils devaient beaucoup à la religion que tant de généreux jeunes gens ont alors payé de leur sang leur dette envers la patrie.

L'un d'eux[2], blessé mortellement à Coulmiers, prononçait ces dernières paroles en apprenant qu'il allait succomber à ses blessures : « Eh bien! mon sang à la France, mon souvenir à ma mère, et mon âme à Dieu! » Un autre[3], que j'ai connu personnellement et dont la famille m'a communiqué l'émouvant récit que j'abrège, était dans sa dix-huitième année et ve-

---

[1] *Esprit des lois*, liv. XXIV, c. vi.
[2] Alphonse de Lomondé.
[3] Charles de Gréban de Pontouroy.

naît d'être reçu, à Paris, bachelier ès lettres, lorsque, avant d'aller rejoindre ses parents, qui s'opposaient, à cause de sa jeunesse, à son désir de s'engager dans l'armée de la Loire, il alla consulter le père jésuite Olivaint[1], qui avait toute sa confiance. Celui-ci lui répondit que, lorsque la patrie était en danger, le devoir de tous les catholiques était de la défendre.

Fort de cette réponse, le jeune bachelier obtient le consentement de son père et s'engage, à Tours, dans le régiment commandé par le colonel de Charette.

Bientôt après, le 30 octobre 1870, du Mans, où son régiment se préparait à la guerre, il écrivait à son père et à sa mère : « Je souffre tout autant que vous de notre séparation, mais Dieu et patrie ne sont pas de vains mots pour moi. » Le 29 novembre, lorsque son régiment marchait vers l'ennemi, il écrit d'Auzouer : « A bientôt une grande bataille; nous sommes devant l'ennemi. A la grâce de Dieu! Vive la France! » Trois jours après, le 2 décembre, sur le champ de bataille de Loigny, il est blessé mortellement au premier rang des zouaves pontificaux. Transporté dans une ambulance prussienne, il reste avec quelques autres blessés, couché sur la paille, pendant douze jours dans une grange sans toit et par un froid glacial; puis, grâce aux soins des pères de deux de ses camarades, il est conduit et reçoit à Voves une cordiale hospitalité. C'est là que sa mère, qui était à sa recherche, parvient à le rejoindre, et recueille de sa bouche ces simples et touchantes paroles : « Ma

---

[1] Devenu depuis une des victimes de la *Commune*.

mère, M. de Bouillé père, qui était mon voisin de rang dans le régiment et qui a été blessé le même jour que moi, m'a dit devant témoins, le lendemain du combat de Loigny : « Mon enfant, vos parents peu-« vent être fiers de vous. Hier, je vous ai remarqué, « vous avez abordé l'ennemi sans sourciller : vous « vous êtes conduit en brave. » Ma mère, j'ai été bien aise d'entendre ces bonnes paroles; elles ont confirmé l'espoir que j'avais d'avoir fait mon devoir. » Quelques jours après, M. de Bouillé d'abord, puis le jeune soldat auquel il avait rendu ce témoignage, succombaient à leurs blessures, ayant fait le sacrifice de leur vie à Dieu et à la patrie[1].

Ce sacrifice a été fait, avec un dévouement non moins héroïque, par un de leurs compagnons d'armes qui a droit aussi à toute notre admiration.

Henri de Verthamon, qui avait été zouave pontifical en 1861, vint se joindre, au mois d'octobre 1870, à ceux que M. de Charette avait appelés et réunis autour de lui. Nommé sergent dans la légion des *volontaires de l'Ouest*, il fut ensuite désigné pour porter le drapeau du 1ᵉʳ bataillon des zouaves. Il l'avait en main, le jour de la bataille de Loigny, lorsqu'en gravissant un monticule au milieu de ses camarades, qui attaquaient l'ennemi à la baïonnette, il fut atteint de deux blessures mortelles[2]. Cinq jours après, il expirait,

---

[1] Quelques-uns de ces détails sont extraits de l'ouvrage intitulé : *Les Zouaves pontificaux*, par le comte de Fontaine de Resbecq, p. 273 et suivantes.

[2] Le drapeau ayant alors été relevé par M. Jacques de Bouillé, qui fut, à son tour, frappé d'une balle, puis par M. de Traversay, blessé non moins grièvement, un jeune zouave, le sergent Parmentier, le prit de ses mains et eut la gloire de le rapporter au campement du bataillon.

loin de tous les siens, en disant à une sœur de Charité qui le soignait : « Je n'ai qu'un seul sacrifice à faire à Dieu, c'est celui de ma famille : ce sacrifice, je l'offre à Dieu de tout mon cœur. »

Le sacrifice qu'Henri de Verthamon avait fait à son pays était vraiment héroïque, car il avait quitté, pour le servir, une mère, une jeune femme, deux enfants; et un troisième, né depuis sa mort, fut baptisé sur son cercueil, qui avait été transporté dans la chapelle du château de sa famille[1].

A d'autres époques, l'histoire de France nous présente d'admirables traits de patriotisme qui méritent aussi d'être signalés entre beaucoup d'autres.

En 1347, Édouard III, roi d'Angleterre, assiégeait Calais, dont les habitants, en proie à toutes les horreurs de la famine, offrirent de se rendre, à condition qu'on les laisserait sortir de la ville; mais Édouard demanda qu'ils se rendissent tous à discrétion. Puis, cédant aux représentations et aux instances de plusieurs chevaliers, il se réduisit à exiger que six des plus notables bourgeois vinssent, en chemise, la corde au cou, lui apporter les clefs de la ville et du château, et se remettre à sa volonté.

Les Calaisiens désespéraient de trouver ces six victimes du salut public, lorsque Eustache de Saint-Pierre, le plus riche bourgeois de la ville, se leva au milieu de ses concitoyens assemblés sur la place publique et leur dit : « Je ne laisserai point mourir un tel peuple, par famine ou autrement, quand on peut y trouver remède. J'ai si grande espérance d'avoir

---

[1] *Les Zouaves pontificaux*, par le comte Fontaine de Resbecq.

grâce et pardon de Notre-Seigneur, si je meurs pour sauver ce peuple, que je veux être le premier à me mettre à la merci du roi d'Angleterre. » Jean d'Aire, Jacques et Pierre de Vissant, cousins d'Eustache de Saint-Pierre, vinrent se ranger auprès de lui, et leur généreux exemple fut suivi par deux autres bourgeois dont le nom n'a pas été conservé. Ils allèrent tous les six se mettre à genoux devant le roi, et lui remirent les clefs de la ville et du château; mais Édouard était si courroucé, que, malgré la compassion témoignée par tous les barons et chevaliers dont il était entouré, il commanda qu'on coupât aussitôt la tête aux six bourgeois. Cependant la reine, qui se trouvait alors à l'armée, se précipita aux genoux d'Édouard, et le supplia d'avoir pitié de six hommes qui s'étaient livrés à sa merci. Après un moment de silence, le roi, en voyant pleurer la reine toujours agenouillée, s'écria : « Ah! Madame, j'aimerais mieux que vous fussiez autre part qu'ici. Vous me priez si instamment, que je n'ose vous refuser; tenez, je vous les donne; faites-en ce qu'il vous plaira. » La reine leur fit donner des vêtements et à dîner, puis les fit conduire, accompagnés de six nobles, jusqu'aux portes de Calais¹.

A partir du jour où Jeanne d'Arc se voua à la délivrance de la France envahie par les Anglais, et répondit aux délégués du roi Charles VII, qui l'interrogeaient sur sa mission : « Les gens d'armes batailleront, et Dieu donnera la victoire, » sa vie tout entière n'a-t-elle pas été un acte continu de patriotisme?

¹ *Histoire populaire de la France*, t. I, p. 338. — *Anecdotes chrétiennes*, par l'abbé Reyre, t. II, p. 69 et suivantes (édition de 1825).

Nous en trouvons aussi une personnification exemplaire dans la Tour d'Auvergne, né à Carhaix (département du Finistère), en 1743. Dès qu'il eut embrassé, jeune encore, la carrière des armes, le culte de la patrie et le devoir militaire furent les mobiles de toute sa conduite. Après s'être distingué par sa bravoure, dans la campagne de 1792, à l'armée des Alpes, où il commandait un corps de grenadiers surnommé *la Colonne infernale,* il ne voulut jamais accepter d'avancement et refusa le grade de général. Il s'était retiré dans sa ville natale à la paix, lorsqu'il apprit que le dernier fils d'un de ses amis était enlevé par la conscription. Il voulut partir à sa place, se rendit à l'armée d'Helvétie, où il entra comme simple grenadier dans la 46ᵉ demi-brigade, et six jours après son arrivée il fut tué près de Neubourg, le 27 juin 1800, au moment même où le premier consul venait de lui décerner un sabre d'honneur avec le titre de *Premier grenadier de France*[1].

Depuis quelques années, le colonel du 40ᵉ régiment de ligne (qui a succédé à la 46ᵉ demi-brigade) a remis en pratique l'usage établi à l'époque de la glorieuse mort du *Premier grenadier de France,* celui de faire répondre par le plus vieux sergent, à toutes les prises d'armes et à l'appel du nom de la Tour d'Auvergne: *Mort au champ d'honneur.* En rétablissant cet usage, le colonel a rappelé ces nobles paroles de l'héroïque grenadier: « Jusqu'à mon dernier soupir je serai prêt à verser mon sang pour la patrie; chaque fois qu'on me fera appel, je serai à la première réquisition. »

---

[1] *La France héroïque,* par Bouniol, t. III.

La levée en masse de la France, en 1792, pour défendre son territoire contre l'invasion ; — au mois de septembre de la même année, l'héroïque résistance de Lille assiégée par les Autrichiens, bombardée pendant huit jours consécutifs, forçant l'ennemi de lever le siège, et recevant ensuite une bannière d'honneur sur laquelle était écrit : « A la ville de Lille la nation reconnaissante; » — en 1794, dans un combat naval contre une flotte anglaise, le capitaine et l'équipage du vaisseau *le Vengeur* s'engloutissant dans les flots, plutôt que d'amener le pavillon français : voilà encore de grands et mémorables exemples de patriotisme.

Lorsque, à la chute de Napoléon Ier, la paix fut conclue en 1814, des prisonniers de guerre français, délivrés des pontons de Portsmouth, où ils avaient subi une cruelle captivité, débarquèrent à Calais. Dès qu'ils touchèrent au rivage, ils se précipitèrent hors de la chaloupe qui les amenait, et se jetèrent à genoux sur la terre de la patrie en la pressant de leur front et rendant grâces à Dieu.

En 1822, dans la guerre que soutenait la Grèce, pour son indépendance, contre la Turquie, trois mille Grecs furent attaqués sur les rives de l'Achéron par quinze mille Turcs, et obligés de battre en retraite. Dans leur désespoir, ils prennent la résolution de tuer leurs femmes et leurs enfants, pour ne pas les laisser tomber au pouvoir des Turcs, et de chercher une mort glorieuse au milieu des ennemis. « Au lieu de nous assassiner, s'écrient les femmes, donnez-nous des armes, et nous saurons mourir glorieusement avec vous. » Les Grecs, persuadés, choisissent parmi les femmes les huit cents plus fortes et leur donnent des armes. Le lendemain matin, ils attaquent les infidèles en invoquant le nom de Dieu, et les Turcs sont mis en fuite. Les femmes avaient combattu, armées de fusils et de frondes, et avaient fait deux cent cinquante prisonniers. Nous retrouvons encore ici le sentiment patriotique fortifié par le sentiment religieux.

Y eut-il jamais, dans notre pays, une vie tout entière mieux consacrée par le plus pur et le plus courageux patriotisme que celle de Camille Jordan? En 1792, dès l'âge de vingt-deux ans, dans un écrit chaleureux, il exhorte ses concitoyens lyonnais à s'organiser pour lutter contre la violence. « Jusqu'à quand, disait-il, nous verra-t-on nous plaindre au lieu d'agir, et mettre des réflexions inutiles à la place des déterminations vigoureuses?... Défendons les droits sacrés que la loi nous assure, mais ne les soutenons que par les moyens que la loi nous permet. » En 1797, nommé membre du *conseil des Cinq-Cents* par la ville de Lyon, il a le courage, le 18 fructidor, de monter à la tribune pour dénoncer le coup d'État comploté par le Directoire et secondé par l'arrivée de nouvelles troupes à Paris. Inscrit, le lendemain, avec cinquante-trois autres députés, sur la liste des proscrits, obligé de s'exiler pour échapper à la déportation, il publie, dès son arrivée en Allemagne, une énergique protestation contre l'attentat du 18 fructidor, qui se terminait par ces paroles : « Après un si effroyable revers, que le désespoir du salut de la patrie ne gagne pas nos cœurs; il serait le plus grand des maux... Persévérons à vouloir le triomphe des lois, à le vouloir avec énergie, et croyons que la tyrannie cédera enfin à cet unanime effort. »

« Camille Jordan, a dit Sainte-Beuve[1], resta toujours une conscience vierge, une âme neuve, qui se révoltait, qui éclatait en présence du mal, du mensonge, de l'intrigue, de l'injustice. » Un digne magistrat[2], dans un discours prononcé le 4 novembre 1873 devant la cour d'appel de Lyon, et consacré à l'éloge de Camille Jordan, a caractérisé ainsi son patriotisme : « C'était un de ces généreux esprits pour lesquels l'ordre et la liberté étaient inséparables, qui voulaient les consolider l'un par l'autre, qui pensaient que ni l'un ni l'autre ne sauraient être durables dans un pays où la foi religieuse n'existe plus, parce que la religion est le seul frein des âmes, et que, quand l'anarchie est dans les âmes, le désordre est partout. »

Pénétrons-nous aussi des nobles sentiments qui ont inspiré à l'auteur d'un ouvrage que j'ai déjà cité, et qui a pour titre *Un Vaincu*[3], cette patriotique conclusion : « Je n'ajouterai plus qu'un vœu pour mon pays : qu'il soit aimé comme la Virginie fut aimée par Robert Lee! Qu'il soit servi comme la Virginie fut servie par Robert Lee! Que de son sol, moins déchiré pourtant que celui de l'Amérique, sorte une génération vaillante et pieuse, une génération qui travaille et qui prie ! »

Parmi des faits récents qui honorent le patriotisme français, je me plais à citer des actes généreux dont le mérite obscur m'a d'autant plus frappé que les auteurs s'étaient imposé, pour donner leur offrande à la

---

[1] *Camille Jordan et Madame de Staël* (Revue des Deux Mondes, 1868).
[2] M. Boissard, avocat général à la cour d'appel de Lyon.
[3] *Mme Boissonnas*, c. xxvii, p. 287.

patrie, des privations bien sensibles à leur âge et dans leur condition. Lorsqu'une souscription nationale fut ouverte, en 1872, pour la libération du territoire, les pauvres vieillards de l'hospice de Mantes, n'ayant pas d'autre moyen de contribuer à cette souscription, sacrifièrent leur tabac et leur café pendant plusieurs jours, et ceux de l'hospice de Verdun firent l'abandon du sou de poche destiné à leur procurer quelques douceurs.

Une femme, dont le nom mérite d'être conservé, Mme veuve Kiéné, Strasbourgeoise [1], a donné l'exemple du plus noble patriotisme uni au dévouement le plus charitable. En 1870, pendant le siège de Strasbourg, elle avait soigné, nuit et jour, un grand nombre de blessés sans distinction de nationalité, et, après la reddition de la ville, son zèle ne s'était pas ralenti. L'ennemi lui-même avait rendu hommage à ce dévouement, et l'impératrice d'Allemagne décerna la décoration de la *Croix de fer* à Mme Kiéné. Voici la lettre que la Strasbourgeoise adressa, le 10 février 1872, au chancelier de l'Empire, en réponse à celle qui l'avait informée de la décision impériale :

« Monsieur le chancelier,

« Je vous retourne la croix que Sa Majesté l'impératrice Augusta a bien voulu me décerner.

« Il m'est impossible d'accepter une distinction de la part d'une souveraine qui a fait envahir, brûler, saccager ma patrie et ma ville natale.

---

[1] Maintenant receveuse aux billets à la gare du chemin de fer de Vincennes à Paris.

« Si, en soignant mes compatriotes, j'ai pu faire quelque bien à des Allemands, c'est que devant la souffrance je n'ai pas vu la différence des nationalités, et il me suffit de l'approbation de ma conscience de Française, qui n'a jamais compris la cruauté contre les vaincus, les malades, les femmes et les enfants.

« Veuillez donc remettre cette croix à l'impératrice d'Allemagne; elle serait une injure pour une Alsacienne[1]. »

Il y a peu de mois, l'Alsace nous a encore donné, par la bouche d'un enfant, un autre et touchant exemple du patriotisme. Un inspecteur allemand des écoles primaires était venu examiner celle de Schelestadt, et interrogeait les jeunes garçons sur la géographie. L'un d'eux ayant indiqué sur un tableau quelques-unes des principales contrées de l'Europe, l'inspecteur lui demanda où était la France, avec ses limites actuelles. L'enfant garda le silence. L'inspecteur renouvelle sa question, exige une réponse, et le maître d'école, inquiet des conséquences que pouvait avoir cet incident, ordonne à son élève d'obéir. Celui-ci, mettant alors la main sur son cœur, répondit : « La France..., *elle est là;* » et tous ses camarades l'applaudirent[2].

Les nobles sentiments, on le voit, ne sont pas éteints en France; mais, pour qu'elle se relève dans sa grandeur et sa gloire, il faut que ces sentiments se multiplient et se propagent de plus en plus;

---

[1] V. *Moniteur universel* du 12 février 1872.
[2] Je tiens ce récit d'un officier supérieur qui s'est assuré lui-même de son exactitude à Schelestadt.

il faut que les caractères se retrempent dans les généreuses inspirations de la foi religieuse, du désintéressement, de l'amour du prochain et de la patrie. Ce sont ces inspirations qui revivent dans les exemples que j'ai cités en les empruntant à toutes les conditions sociales et à tous les âges, et dont l'imitation, par conséquent, n'est au-dessus des forces d'aucun de nous. *Fais ce que dois, advienne que pourra*, ce vieil adage de nos pères[1] résume toute la pensée de mon livre, et, je puis le dire, toute la morale.

---

[1] Le maréchal de Mac-Mahon a rappelé cet adage au début d'un discours prononcé, le 25 février 1858, dans une séance du Sénat, et qui était un acte de consciencieux patriotisme.

FIN

APPENDICE

PARDON DES INJURES

Dans la *Vie du vénérable Père Libermann*[1], nous trouvons un fait, raconté par l'aîné de ses neveux, qui nous montre le pardon d'une injure pratiqué par un enfant sous l'influence du sentiment chrétien :
« Un jour, un de mes frères, alors âgé de sept ans, s'emporta d'une bouillante colère contre l'un d'entre nous qui l'avait contrarié. Prières, menaces, promesses, rien n'avait pu le calmer. Il voulait pardonner, disait-il, mais après s'être vengé, et il resta ainsi toute la journée. Cependant, sur le soir, notre oncle[2] nous réunit autour de lui, comme d'habitude, pour la prière. Tout alla bien jusqu'au *Pater;* mais quand on fut arrivé à ces paroles : *Pardonnez-nous nos offenses, comme nous les pardonnons à ceux qui nous ont offensés,* notre oncle, qui jusque-là était resté dans un profond recueillement, s'adressant au coupable, lui

---

[1] Par un Père de la Congrégation du Saint-Esprit. — Paris, 1878.
[2] Le Père Libermann.

dit d'une voix sévère : « Mon cher N..., tu ne peux
« faire cette demande au bon Dieu sans te condam-
« ner toi-même ; car, puisque tu ne veux pas par-
« donner, le bon Dieu ne t'aime plus et ne te par-
« donnera aucune de tes fautes. » Vaincu par ces
paroles, le petit obstiné court aussitôt auprès de son
frère, l'embrasse, lui demande pardon de la peine
qu'il lui a causée, puis revient triomphant auprès de
notre oncle pour achever sa prière. »

TABLE

Avant-propos. 7

CHAPITRE I
EXISTENCE ET PRÉSENCE DE DIEU. — NOS DEVOIRS ENVERS LUI

Ambroise Paré. — Olivier de Serres. — Inscription sur le château de Saint-Germain. — Le seigneur de Sablé et le prieur de Solesmes. — Le dauphin, père de Louis XVI. — Conversion et mort de Donoso Cortès. — Extrait d'une circulaire de Washington. — Échange de prisonniers par l'évêque d'Alger. — Le jeûne de Châteauneuf. — Madame Louise, fille de Louis XV. — Inscriptions dans l'hospice des orphelins à Paris. — Lanfranc, archevêque de Cantorbéry. — Un commandant de gendarmerie et un évêque de Nice. — Le père Smet et l'ancien grenadier Jean-Baptiste de Velder. — Le compositeur-typographe Jean-Marie. — Napoléon 1ᵉʳ et le général Drouot. — Le médecin Bailly. — Le chirurgien Marit. 11

CHAPITRE II
L'AME. — SON IMMORTALITÉ. — RESPECT QUI LUI EST DU

Le chirurgien Dupuytren. — Le chirurgien Nélaton. — Le riche de l'Évangile. — M. Nadau-Desislets. — Le cardinal de Cheverus. 27

CHAPITRE III
LE DEVOIR. — LA CONSCIENCE

M. Buchez. — Louis XIV. — Mᵐᵉ Lefort. — La famille de Mᵐᵉ Desbordes-Valmore. — Tribus sauvages de la Colombie britannique. — Le maréchal Fabert. — Le maréchal Catinat. — Le général Lee, directeur d'un collège. — Un frère des Écoles chrétiennes sur un champ de bataille. — Deux camarades de pension. — Le sergent-major et le curé d'Alais. 34

CHAPITRE IV
PROBITÉ. — DIVERSES OBLIGATIONS QUI EN DÉCOULENT

Le maçon Offroy. — Le bûcheron et les contrebandiers. — Les trois sauvages kootonais. — Le mendiant de Saint-Martin-de-Beaupréau. — L'ouvrier et le garçon de caisse. — L'honnête servante. . . . 47

238 TABLE

CHAPITRE V
VÉRITÉ. — MENSONGE

Ananie et sa femme. — Les trois catéchistes tonquinois. — M⁰⁰ Élisabeth Fry. — Henri IV. — Le dauphin, père du duc de Bourgogne. — Histoire d'un tricheur. — Saint Jean Népomucène. — Un curé podolien. — Washington à l'âge de six ans. — La duchesse de Montmorency devant le tribunal révolutionnaire. 54

CHAPITRE VI
DEVOIRS DE FAMILLE

Amour filial d'un enfant de neuf ans. — Lettre d'un soldat blessé dans la guerre de Crimée. — Le jeune Clermont. — Les deux frères Kolly. — Histoire de deux orphelins. — Dévouement fraternel du Lyonnais Badjet, d'un ingénieur des ponts et chaussées, du frère d'un commerçant failli. 64

CHAPITRE VII
AMOUR DU PROCHAIN. — BIENFAISANCE. — GÉNÉROSITÉ

Une ouvrière lyonnaise. — Eugénie Demange. — L'adjudant Martinel. — L'ex-sous-officier Coignerai. — Le percepteur Jacob. — Le brigadier Clamart. — Trois orphelins adoptés par un atelier d'ouvriers serruriers. — Les camarades du mécanicien Germain. — Les deux sœurs Berthier. — Le lieutenant-colonel de Saint-Blaise. — Trait de charité de Montesquieu. — M⁰⁰ Malibran. — M⁰⁰ de Villeneuve, évêque de Montpellier. — Le pape Pie IX. — M⁰⁰ Sibour, évêque de Digne. — Un bienfaiteur anonyme des Petites-Sœurs des pauvres. — La petite Angéline B. — Le sauveteur Jacques Fosse. — La servante d'Alexandrie. — Concurrence d'un lycée et d'une institution libre. — Deux épiciers champenois. — Le duc de la Rochefoucauld-Doudeauville. — Respect du dauphin, père de Louis XVI, pour la propriété d'un paysan. — La duchesse de Berry. — Le maréchal Fabert. — Saint François de Sales. — L'archevêque Christophe de Beaumont. — Réponse de Louis XVII au cordonnier Simon. — Un ouvrier ébéniste marseillais. — Un riche égoïste et son testament. 78

CHAPITRE VIII
DÉVOUEMENT. — ABNÉGATION DE SOI-MÊME. — DÉSINTÉRESSEMENT

Courageux dévouement de M. Bouilly. — L'aïeule octogénaire. — Le 66ᵉ régiment de ligne à Ancône pendant le choléra. — L'abbé Coulomb. — Le fondeur Morvillez. — Un ouvrier couvreur. — Le sergent Goguey. — Les époux Trinez, cordonniers. — Les deux sœurs de Ribbe. — M¹¹ᵉ Bouchoux. — La servante Marguerite Hers. — Une sœur de Saint-Vincent-de-Paul. — La sœur Simplice. — Refus d'une récompense par un courageux ouvrier. — Conté. — Le général Caffarelli du Falga. — M. de Champagny, enseigne de vaisseau. — M. Émile Mariton. — Un garde forestier. — Désintéressement du général Lee. — Le jeune Julien Antoine. — Les élèves du séminaire de Verrières. — Un sauveteur de dix ans. — Les frères des Écoles chrétiennes pendant le siège de Paris. — Auguste Juster. 103

TABLE

CHAPITRE IX
RECONNAISSANCE

Commerçants captifs dans les pays barbaresques et rachetés par des religieux rédemptoristes. — Pierre, l'enfant trouvé. — Les écoliers d'un village de Souabe et leur instituteur. — Les ouvriers d'une fabrique de Rethel. — Une pauvre mère de famille de Douai. — Théodore l'enfant adoptif............................. 125

CHAPITRE X
SOUMISSION A LA VOLONTÉ DE DIEU. — CONFIANCE EN SA JUSTICE ET EN SA MISÉRICORDE

Le poète Édouard Neveu. — Réponse d'un pauvre à un théologien. — Un cultivateur de la Sologne. — Un marin normand. — L'orpheline Thérèse B...................................... 134

CHAPITRE XI
LES ÉPREUVES DE LA VIE

L'officier de marine Monet de la Marck. — Thomas Morus. — Franklin. — Mlle Stéphanie R. — Le général de Martimprey. — Joseph P., ouvrier tisseur en soie. — Le forçat J.-L. Allaire....... 142

CHAPITRE XII
DIGNITÉ DU CARACTÈRE. — SENTIMENT DE L'HONNEUR EMPIRE SUR SOI-MÊME

Malesherbes. — Un ancien sergent devenu contremaître dans une manufacture. — Un pensionnaire de dix ans. — Recommandation de saint Louis à son fils. — Bayard. — Le président Frémyot. — Matthieu Molé. — Le général Drouot. — Henri de la Rochejaquelein. — Honorable conduite d'un instituteur communal. — L'honnête domestique. — Les quatre sœurs Béchu. — Les deux sœurs d'un domestique. — Flegme d'Épictète. — Saint François de Sales. — Une jeune fille et sa vieille gouvernante. — Deux élèves d'un pensionnat de Toulouse. 152

CHAPITRE XIII
ORGUEIL, VANITÉ. — HUMILITÉ, MODESTIE

Aman, favori d'Assuérus. — Attila. — Le surintendant Fouquet. — Le fils d'un ouvrier et l'abbé Gautier. — Deux élèves d'une école communale de Paris. — L'archevêque Willigund. — Le bénédictin Mabillon. — Le général Cavaignac. — Le maréchal Niel. — MM. Ampère et Augustin Cauchy. — Le modeste collégien. — Le comte de Montalembert............................ 167

CHAPITRE XIV
AMOUR DE LA GLOIRE. — AMBITION. — ENVIE DE S'ÉLEVER AU-DESSUS DE SA CONDITION

Thémistocle. — Fabert. — Jean Bart. — Louis Brune. — Le pape Clément IV. — Les deux fils d'un fermier normand. — Jeanne d'Arc. 179

CHAPITRE XV

EMPLOI DE LA VIE ET DU TEMPS. — LE TRAVAIL

Placide le paresseux. — Inscription sur un banc de pierre de Clairvaux. — Jésus-Christ et la sainte Vierge. — Le moine Théodule. — Les Esquimaux. — Inscription sur la maison de Jeanne d'Arc. — Zèle d'enfants de la commune d'Herry pour leur instruction. — Une salle d'école d'apprentis orphelins. — David Livingstone. — Le Breton Juhel Renoy. — Le Hollandais Antoine Van Hoboken. — J.-J. Grangé. — Le président Lincoln. — L'ouvrier Dubuisson. — Philippe de Champagne. — M. Berthelot et la compagnie des bateaux à vapeur du Nord. 188

CHAPITRE XVI

L'ESPRIT D'ORDRE, L'ESPRIT DE CONDUITE ET L'ESPRIT DE PRÉVOYANCE

Un ouvrier imprimeur américain et sa veuve. — Anecdote sur Jacques Laffitte. — Henri IV. — Un fabricant de faïences. — La société de prévoyance et de secours mutuels de Metz. — Un ouvrier menuisier devenu entrepreneur. — Legs fait par un ancien contremaître de fabrique. — *L'homme au petit manteau bleu.* — M. Léon Harmel et l'usine du Val-des-Bois. 202

CHAPITRE XVII

OBÉISSANCE A LA LOI. — RESPECT DE L'AUTORITÉ

Exemple donné par Jésus-Christ. — Le général Moreau. — L'officier de cuirassiers devenu évêque de Châlons-sur-Marne. — Le premier congrès général et les citoyens des États-Unis. — O'Connell. — Déclaration d'une association anglaise d'ouvriers agricoles. — Une fraude à la loi du service militaire. 214

CHAPITRE XVIII

PATRIOTISME

Exemple donné par Jésus-Christ. — Un bref de Pie IX. — Alphonse de Lamandé. — Charles de Gréban de Pontourny. — Henri de Verthamon. — Eustache de Saint-Pierre et cinq autres bourgeois de Calais. — Jeanne d'Arc. — La Tour d'Auvergne. — La résistance de Lille en 1792. — Le vaisseau *le Vengeur.* — Prisonniers de guerre français débarqués à Calais en 1814. — Héroïsme de femmes grecques en 1822. — Camille Jordan. — Pauvres vieillards des hospices de Nantes et de Verdun. — Mme veuve Kléné. — Un enfant alsacien. 220

APPENDICE. 235

———

16810. — Tours, impr. MAME.

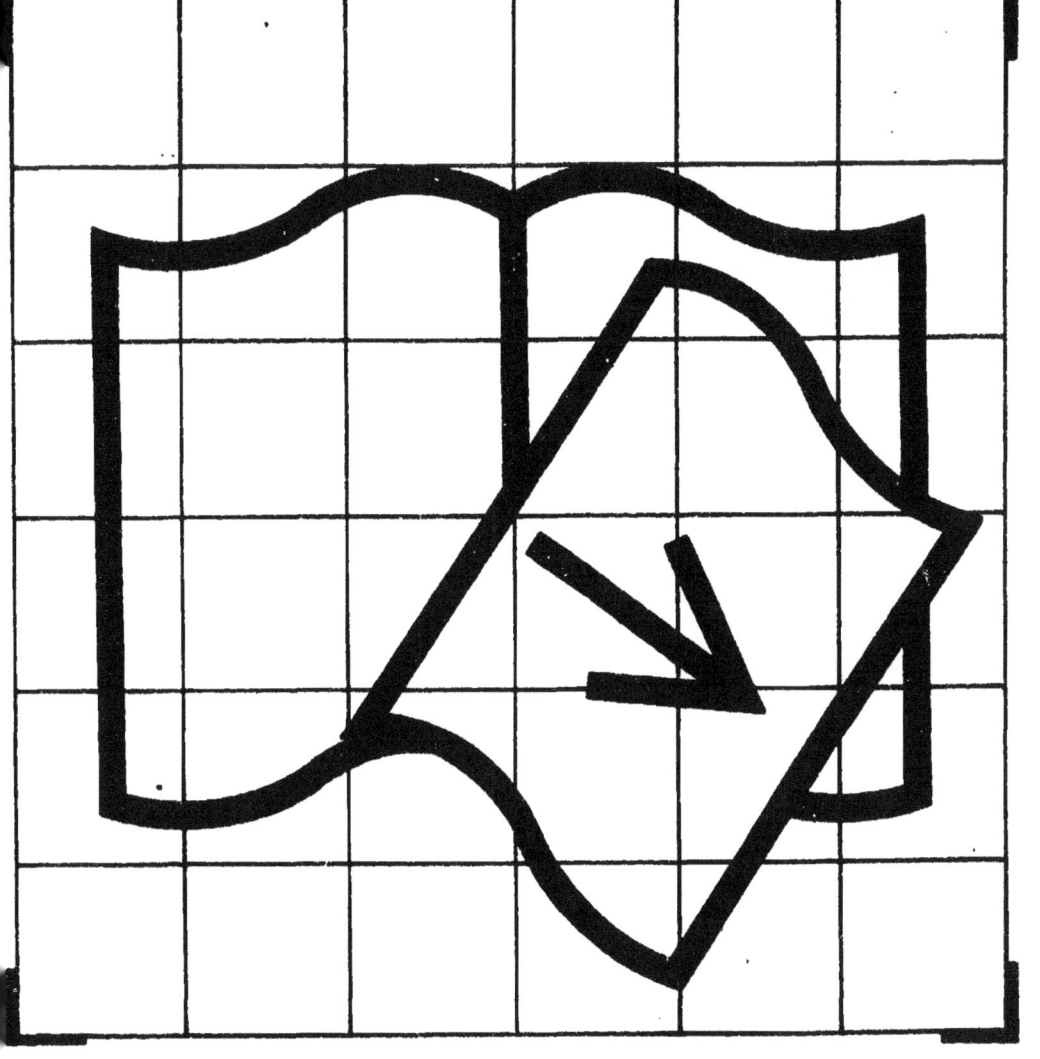

www.ingramcontent.com/pod-product-compliance
Lightning Source LLC
Chambersburg PA
CBHW071910160426
43198CB00011B/1240